PABLO NERUDA

TERCEIRA RESIDÊNCIA
(1935-1945)

Tradução de José Eduardo Degrazia

Edição bilíngüe

www.lpm.com.br
L&PM POCKET

Coleção **L&PM** POCKET, vol. 381

Título do original espanhol: *Tercera residencia*

Primeira edição na Coleção **L&PM** POCKET: setembro de 2004
Esta reimpressão: abril de 2011

capa: Ivan Pinheiro Machado sobre quadro de Pablo Picasso "Guernica" (1937, Museu do Prado, Madrid)
tradução: José Eduardo Degrazia
revisão: Jó Saldanha, Larissa Roso e Renato Deitos

ISBN 978-85-254-1380-2

N454t Neruda, Pablo, 1904-1973.
Terceira residência / Neftali Ricardo Reyes; tradução de José Eduardo Degrazia. – Porto Alegre: L&PM, 2011.
192 p. ; 18 cm. – (Coleção L&PM POCKET)

Nota: Edição bilíngüe: espanhol-português.

1.Ficção chilena-poesias. 2.Reyes, Neftali Ricardo, 1904-1973. I.Título. II.Série.

CDD Ch861
CDU 821.134.2(8)-1

Catalogação elaborada por Izabel A. Merlo, CRB 10/329

Rua Comendador Coruja 314, loja 9 – Floresta – 90.220-180
Porto Alegre – RS – Brasil / Fone: 51.3225.5777 – Fax: 51.3221-5380

Pedidos & Depto. Comercial: vendas@lpm.com.br
Fale conosco: info@lpm.com.br
www.lpm.com.br

Impresso no Brasil
Outono de 2011

UM LIVRO EM CHAMAS

José Eduardo Degrazia

A guerra civil espanhola estava no auge quando o livro de Neruda, *España en el corazón*, foi impresso num moinho em um mosteiro pelos milicianos combatentes e por Manuel Altolaguirre. O papel usado fora fabricado com restos de roupas de soldados mortos e feridos, com cartazes e bandeiras inimigas. Conta Neruda nas suas memórias: "Mal meu livro ficou impresso e encadernado, precipitou-se a derrota da República".[1]

Começou o êxodo dos republicanos para a França, numa grande e dramática retirada. Os soldados que fizeram o livro de Neruda não o quiseram deixar para trás e o carregaram em grandes sacos. Mas a perseguição era implacável, e as colunas eram metralhadas e bombardeadas, e os soldados caíam, e os livros se esparramavam pela estrada. Mas o pior estava por vir, pois ao chegarem à França os militantes foram presos e colocados em campos de concentração ou devolvidos para a Espanha, onde muitos morreram fuzilados ou na prisão, como o poeta Miguel Hernández (e os seus livros acabaram numa grande fogueira).

Talvez essa imagem do incêndio do poema *España en el corazón* seja a melhor para entendermos o livro mais apaixonado e violento de Pablo Neruda,

---

1. NERUDA, Pablo. *Confesso que vivi*. Rio de Janeiro: Bertrand Brasil, 2003.

Terceira residência: um livro em chamas. Ardendo na fogueira dos seus versos, Neruda escreveu um dos mais importantes libelos contra a guerra, comparável apenas com o impacto da *Guernica* de Picasso. Um oficial alemão perguntou a Picasso se ele teria feito o quadro, ao que o pintor teria respondido, "não, os senhores é que o fizeram". Resposta que Neruda poderia ter dado se perguntado por algum franquista sobre o livro.

España en el corazón é um dos pontos altos da carreira engajada de Pablo Neruda. Poemas como *Explico algunas cosas* e *Almería* são libelos da mais alta criação poética e da mais fervente e cáustica propaganda política. Pois neste livro o poeta alcança, no meu entender, o ápice da sua carreira: passa de um poeta testemunhal para um poeta engajado e que não só relata os fatos, mas também ataca, julga e condena. Não esperem do poeta Pablo Neruda nenhuma condescendência com os inimigos, pois para eles só a resposta em ferro e fogo é o suficiente.

Mas não era o bastante ainda para a humanidade e para o poeta. As forças nazistas que se ensaiaram na Espanha começaram o seu violento programa de ataque e destruição, colocando em choque todo o arcabouço da civilização ocidental. Neruda, primeiro na França, depois no México e no Chile, continua sua cruzada antifascista, e nascem os poemas que compõem o périplo contra a Alemanha de Hitler, entre os quais estão os dois cantos para Stalingrado.

Neruda não estava sozinho na luta contra a barbárie nazista. As melhores vozes estavam com ele, como bem podemos ver nos poemas *Carta a Stalingrado* e *Telegrama de Moscou*, de *Rosa do povo*[2], de Carlos Drummond de Andrade, ou os do hermético e cristão Murilo Mendes no seu *Poesia e liberdade*[3] – para citar apenas dois brasileiros do mesmo período.

Não só a guerra foi assunto da poesia de Neruda nesse momento, mas também o fustigar contra as ditaduras que infestavam o continente americano, como no poema *Dura elegía*, contra Getúlio Vargas, sobre Luís Carlos Prestes, que reverencia o trabalho infatigável de sua mãe para libertá-lo. São poemas que já não têm a carga vital de *España en el corazón*, poemas da carne e do sangue do poeta, mas também são grandes obras em prol da liberdade dos povos, escritas ainda antes do congresso de Moscou de 1955 em que Kruschev desmistificou a figura de Stalin. Falando sobre o período, diz Hernán Loyola[4]: "(...) tudo isso levou Neruda a tomar consciência da unidade fundamental dos povos e dos destinos humanos, não só na dimensão imediata da luta em escala mundial contra o fascismo, como também no sentido vertical e profundo do tempo, na dimensão histórica".

Essa visão, sedimentada em tão profunda vivência do mundo, desaguaria posteriormente no poema-síntese do homem americano e de sua história, *Alturas de Machu Picchu*, do *Canto geral*, de 1950. Estava pronta e chegada à maturidade uma das mais altas vozes da poesia latino-americana e universal.

---

2. ANDRADE, Carlos Drummond de. *Reunião*. Rio de Janeiro: José Olympio, 1973.

3. MENDES, Murilo. *Poesia e liberdade*. Rio de Janeiro: Record, 2003.

4. LOYOLA, Hernán. In: NERUDA, Pablo. *Antología esencial*. Buenos Aires: Losada, 1998.

SUMÁRIO

I

LA AHOGADA DEL CIELO

TEJIDA MARIPOSA, vestidura
colgada de los árboles,
ahogada en el cielo, derivada
entre rachas y lluvias, sola, sola, compacta,
con ropa y cabellera hecha jirones
y centros corroídos por el aire.
                                        Inmóvil, si resistes
la ronca aguja del invierno,
el río de agua airada que te acosa. Celeste
sombra, ramo de palomas
roto de noche entre las flores muertas:
yo me detengo y sufro
cuando como un sonido lento y lleno de frío
propagas tu arrebol golpeado por el agua.

A AFOGADA DO CÉU

TECIDA MARIPOSA, vestimenta
pendente das árvores,
afogada no céu e à deriva
entre fissuras e chuvas, só, só, compacta,
com roupa e cabeleira feito bandeiras
e centros corroídos pelo ar.
                                        Imóvel, resistes
à romba agulha do inverno,
rio de água irada que te acomete. Celeste
sombra, ramo de pombas
roto de noite entre as flores mortas:
detenho-me e sofro
quando como um som lento e repleto deste frio
propagas o teu arrebol golpeado pela água.

ALIANZA (SONATA)

Ni el corazón cortado por un vidrio
en un erial de espinas,
ni las aguas atroces vistas en los rincones
de certas casas, aguas como párpados y ojos,
podrían sujetar tu cintura en mis manos
cuando mi corazón levanta sus encinas
hacia tu inquebrantable hilo de nieve.

Nocturno azúcar, espíritu
de las coronas,
                    redimida
sangre humana, tus besos
me destierran
y un golpe de agua com restos del mar
golpea los silencios que te esperan
roldeando las gastadas sillas, gastando puertas.

Noches com ejes claros,
partida, material, únicamente
voz, únicamente
desnuda cada día.
Sobre tus pechos de corriente inmóvil,
sobre tus pernas de dureza y agua,
sobre la permanencia y el orgullo
de tu pelo desnudo,
quiero estar, amor mío, ya tiradas las lágrimas
al ronco cesto donde se acumulan,

ALIANÇA (SONATA)

Nem o coração cortado por um vidro
num baldio de espinhos,
nem as águas atrozes vistas nos cantos
de certas casas, águas como pálpebras e olhos,
poderiam sujeitar tua cintura em minhas mãos
quando meu coração levanta suas azinheiras
até o teu inquebrantável fio de neve.

Noturno açúcar, espírito
das coroas,
redimido
sangue humano, teus beijos
me desterram,
e um golpe de água com restos de mar
golpeia os silêncios que te esperam
rodeando as gastas cadeiras, gastando portas.

Noites com eixos claros,
partida, material, unicamente
voz, unicamente
desnuda cada dia.
Sobre teus peitos de corrente imóvel,
sobre tuas pernas de dureza e água,
sobre esta permanência e o orgulho
de teu cabelo solto,
quero estar, amor meu, atiradas as lágrimas
já no tosco cesto onde se acumulam,

quiero estar, amor mío, solo con una sílaba
de plata destrozada, solo con una punta
de tu pecho de nieve.

Ya no es posible, a veces
ganar sino cayendo,
ya no es posible, entre dos seres
temblar, tocar la flor del río:
hebras de hombre vienen como agujas,
tramitaciones, trozos,
familias de coral repulsivo, tormentas
y pasos duros por alfombras
de invierno.

Entre labios y labios hay ciudades
de gran ceniza y húmeda cimera,
gotas de cuándo y cómo, indefinidas
circulaciones:
entre labios y labios como por una costa
de arena y vidrio, pasa el viento.

Por eso eres sin fin, recógeme como si fueras
toda solemnidad, toda nocturna
como una zona, hasta que te confundas
con las líneas del tiempo.
                                        Avanza en la dulzura,
ven a mi lado hasta que las digitales
hojas de los violines
hayan callado, hasta que los musgos
arraiguen en el trueno, hasta que del latido
de mano y mano bajen las raíces.

quero estar, amor, sozinho como uma sílaba
de prata destroçada, só com uma ponta
de teu peito de neve.

Já não é possível, às vezes,
ganhar senão caindo,
já não é possível, entre dois seres
estremecer, tocar a flor do rio:
cabeleiras de homem vêm como agulhas,
tramitações, pedaços,
famílias de coral repulsivo, tormentas
e passos duros por tapetes
de inverno.

Entre lábios e lábios tem cidades
de grande cinza e úmida cimeira,
gotas de quando e como, indefinidas
circulações:
entre lábios e lábios como numa costa
de areia e de vidro passa o vento.

Por isso és sem fim, pega-me como se fosses
toda solenidade, e mais noturna
como uma zona, até que te confundas
com as linhas do tempo.
Avança na ternura,
vem ao meu lado até que as digitais
folhas dos violinos
tenham emudecido, até que os musgos
entranhem no trovão, até que o ruído
faça, de mão em mão, baixar raízes.

VALS

YO TOCO el odio como pecho diurno,
yo sin cesar, de ropa en ropa vengo
durmiendo lejos.

No soy, no sirvo, no conozco a nadie,
no tengo armas de mar ni de madera,
no vivo en esta casa,

de noche y agua está mi boca llena.
La duradera luna determina
lo que no tengo.

Lo que tengo está en medio de las olas.
Un rayo de agua, un día para mí:
un fondo férreo.

No hay contramar, no hay escudo, no hay traje,
no hay especial solución insondable,
ni párpado vicioso.

Vivo de pronto y otras veces sigo.
Toco de pronto un rostro y me asesina.
No tengo tiempo.

No me busquéis entonces descorriendo
el habitual hilo salvaje o la
sangrienta enredadera.

VALES

Eu toco o ódio como peito diurno,
eu, sem cessar, de roupa em roupa, venho
dormindo distante.

Não sou, não sirvo, não conheço ninguém,
e não tenho armas de mar nem de madeira,
não vivo nesta casa,

de noite e água está a minha boca cheia.
A duradoura lua determina
o que não tenho.

O que tenho está no meio das ondas.
um raio de água, um dia para mim:
um fundo férreo.

Não tem molhes, não tem escudo, não tem traje,
não há especial solução insondável,
nem pálpebra viciosa.

Vivo rápido e outras vezes sigo.
Toco rápido um rosto e me assassina.
Não tenho tempo.

Não me busquem então enrolando
o habitual fio selvagem ou a
sangrenta trepadeira.

No me llaméis: mi ocupación es ésa.
No preguntéis mi nombre ni mi estado.
Dejadme en medio de mi propia luna,
en mi terreno herido.

Não me chamem: minha ocupação é essa.
Não perguntem meu nome nem meu estado.
Deixem-me em meio a minha própria lua,
no meu terreno ferido.

BRUSELAS

De todo lo que he hecho, de todo lo que he perdido,
de todo lo que he ganado sobresaltadamente,
en hierro amargo, en hojas, puedo ofrecer un poco.

Un sabor asustado, un río que las plumas
de las quemantes águilas van cubriendo, un sulfúrico
retroceso de pétalos.
No me perdona ya la sal entera
ni el pan continuo, ni la pequeña iglesia devorada
por la lluvia marina, ni el carbón mordido
por la espuma secreta.

He buscado y hallado, pesadamente,
bajo la tierra, entre los cuerpos temibles,
como un diente de pálida madera
llegando y yendo bajo el ácido duro,
junto a los materiales
de la agonía, entre luna y cuchillos,
muriendo de nocturno.
Ahora, en medio
de la velocidad desestimada, al lado
de los muros sin hilos,
en el fondo cortado por los términos,
aquí estoy com aquello que pierde estrellas,
vegetalmente, solo.

PERVINCAS

De tudo o que tenho feito, de tudo o que perdi,
de tudo o que eu ganhei de maneira sobressaltada,
em ferro amargo, em folhas, posso oferecer um pouco.

Um sabor assustado, um rio que as plumas
das queimantes águias vão cobrindo, um sulfúrico
retrocesso de pétalas.
Não me perdoa já o sal inteiro
nem o pão contínuo, nem a pequena igreja devorada
pela chuva marinha, nem o carvão mordido
pela espuma secreta.

Tenho buscado e achado, pesadamente,
embaixo da terra, entre os corpos temerosos,
como um dente de pálida madeira
chegando e indo sob um duro ácido,
junto aos materiais
da agonia, entre a lua e as facas,
morrendo notívago.
Agora, em meio
à velocidade desestimada, ao lado
das cercas sem fios,
bem ao fundo cortado de arremates,
aqui estou com aquele que perde estrelas,
vegetalmente, só.

EL ABANDONADO

NO PREGUNTÓ por ti ningún día, salido
de los dientes del alba, del estertor nacido,
no buscó tu coraza, tu piel, tu continente
para lavar tus pies, tu salud, tu destreza,
un día de racimos indicados?
No nació para ti solo,
para ti sola, para ti la campana
con sus graves circuitos de primavera azul:
lo extenso de los gritos del mundo, el desarrollo
de los gérmenes fríos que tiemblan en la tierra, el silencio
de la nave en la noche, todo lo que vivió lleno de párpado
para desfallecer y derramar?
Te pregunto:
a nadie, a ti, a lo que eres, a tu pared, al viento,
si en el agua del río ves hacia ti corriendo
una rosa magnánima de canto y transparencia,
o si en la desbocada primavera agredida
por el primer temblor de las cuerdas humanas
cuando canta el cuartel a la luz de la luna
invadiendo la sombra del cerezo salvaje,
no has visto la guitarra que te era destinada,
y la cadera ciega que quería besarte?

Yo no sé: yo sólo sufro de no saber quién eres
y de tener la sílaba guardada por tu boca,
de detener los días más altos y enterrarlos
en el bosque, bajo las hojas ásperas y mojadas,

O ABANDONADO

Não perguntou por ti nenhum dia, saído
dos dentes da manhã, e do estertor nascido,
não buscou tua couraça, a pele, continente
para lavar teus pés, tua saúde e destreza,
este dia de ramos indicados?
Não nasceu só para ti,
para ti somente, para ti os sinos
com seus graves circuitos de primavera azul:
a extensão dos gritos do mundo, o desenvolver
dos germes frios que tremem na terra, o silêncio
da nave na noite, tudo o que viveu pleno de pálpebras
para desfalecer e derramar?
Pergunto:
a ninguém, a ti, ao que és, à casa, ao vento,
se na água do rio vês para ti correndo
magnânima rosa de canto e transparência,
ou se na desbocada primavera agredida
pelo primeiro tremor das cordas humanas
quando canta o quartel à luz da lua
invadindo a sombra da cerejeira selvagem,
não viste a guitarra que te era destinada,
e a cadeira cega que te queria beijar?

Eu não sei: eu só sofro por não saber quem és
e por ter a sílaba guardada por tua boca,
e por deter os dias mais altos e enterrá-los
no bosque, embaixo das folhas ásperas e molhadas,

a veces, resguardado bajo el ciclón, sacudido
por los más asustados árboles, por el pecho
horadado de las tierras profundas, entumecido
por los últimos clavos boreales, estoy
cavando más allá de los ojos humanos,
más allá de las uñas del tigre, lo que a mis brazos llega
para ser repartido más allá de los días glaciales.

Te busco, busco tu efigie entre las medallas
que el cielo gris modela y abandona,
no sé quién eres pero tanto te debo
que la tierra está llena de mi tesoro amargo.
Qué sal, qué geografía, qué piedra no levanta
su standarte secreto de lo que resguardaba?
Qué hoja al caer no fue para mí un libro largo
de palabras por alguien dirigidas y amadas?
Bajo qué mueble oscuro no escondí los más dulces
suspiros enterrados que buscaban señales
y sílabas que a nadie pertenecieron?

Eres, eres tal vez, el hombre o la mujer
o la ternura que no descifró nada.
O tal vez no apretaste el firmamento oscuro
de los seres, la estrella palpitante, tal vez
al pisar no sabías que de la tierra ciega
emana el día ardiente de pasos que te buscan.

Pero nos hallaremos inermes, apretados
entre los dones mudos de la tierra final.

às vezes, resguardado em um ciclone, sacudido
pelas mais assustadas árvores, pelo peito
perfumado das terras profundas, intumescido
pelos últimos cravos boreais, estou
cavando mais além do que os olhos humanos,
mais além das unhas do tigre, o que aos meus braços chega
para ser repartido mais além dos dias glaciais.

Eu busco, busco a tua efígie entre as medalhas
que o céu gris modela e abandona,
não sei quem tu és mas tanto te devo
que a terra está cheia de meu tesouro amargo.
Que sal, que geografia, que pedra não levanta
seu estandarte secreto do que resguardava?
Que folha não foi para mim um livro largo
de palavras enviadas por alguém e amadas?
Sob que móvel escuro não escondi os mais doces
suspiros enterrados buscando os sinais,
sílabas que não pertenceram a ninguém?

És, és talvez, um homem ou a mulher
ou a ternura que não decifrou nada.
Talvez não estreitaste o firmamento escuro
dos seres, uma estrela palpitante, talvez
ao pisar não sabias que da terra cega
emana o dia ardente de passos que te buscam.

Mas nos acharemos inermes, acossados
entre os dons mudos de uma terra final.

NACIENDO EN LOS BOSQUES

CUANDO EL ARROZ retira de la tierra
los granos de su harina,
cuando el trigo endurece sus pequeñas caderas y
levanta su rostro de mil manos,
a la enramada donde la mujer y el hombre se enlazan acudo,
para tocar el mar innumerable
de lo que continúa.

Yo no soy hermano del utensilio llevado en la marea
como en una cuna de nácar combatido:
no tiemblo en la comarca de los agonizantes despojos,
no despierto en el golpe de las tinieblas asustadas
por el ronco pecíolo de la campana repentina,
no puedo ser, no soy el pasajero
bajo cuyos zapatos los últimos reductos del viento palpitan
y rígidas retornan las olas del tiempo a morir.

Llevo en mi mano la, paloma que duerme reclinada en la
semilla
y en su fermento espeso de cal y sangre
vive Agosto,
vive el mes extraído de su copa profunda:
com mi mano rodeo la nueva sombra del ala que crece:
la raíz y la pluma que mañana formarán la espesura.

Nunca declina, ni junto al balcón de manos de hierro,
ni en el invierno marítimo de los abandonados, ni en mi
paso tardío,

NASCENDO NOS BOSQUES

Quando o arroz vai retirar da terra
os grãos da sua farinha,
quando o trigo endurece suas pequenas cadeiras e
levanta seu rosto de mil mãos,
na enramada onde a mulher e o homem se enlaçam acudo
para tocar o mar inumerável
do que continua.

Eu não sou irmão do utensílio levado na maré
como em um berço de nácar combatido:
não tremo na comarca dos agonizantes despojos,
não desperto no golpe das trevas assustadas
pelo rouco pecíolo do sino repentino,
não posso ser, não sou o passageiro
sob cujos sapatos os últimos redutos do vento palpitam
e rígidas retornam as ondas do tempo por morrer.

Levo na minha mão a pomba que dorme reclinada na
semente
e em seu fermento espesso de cal e de sangue
vive Agosto,
vive o mês extraído de sua taça profunda:
com minha mão rodeio a nova sombra da asa que cresce:
a raiz e a pluma que amanhã formarão a espessura.

Nunca declina, nem junto ao balcão de mãos de ferro,
nem no inverno marítimo dos abandonados, nem no
meu passo tardio,

el crecimiento inmenso de la gota, ni el párpado que
quiere ser abierto:
porque para nacer he nacido, para encerrar el paso
de cuanto se aproxima, de cuanto a mi pecho golpea
como un nuevo
corazón tembloroso.

Vidas recostadas junto a mi traje como palomas
paralelas,
o contenidas en mi propria existencia y en mi
desordenado sonido
para volver a ser, para incautar el aire desnudo de la
hoja y el nacimiento húmedo de la tierra en la grinalda:
hasta cuándo
debo volver y ser, hasta cuándo el olor
de las más enterradas flores, de las olas más trituradas
sobre las altas piedras, guardan en mí su patria
para volver a ser furia y perfume?

Hasta cuándo la mano del bosque en la lluvia
me avecina com todas sus agujas
para tejer los altos besos del follaje?
Otra vez
escucho aproximarse como el fuego en el humo,
nascer de la ceniza terrestre,
la luz llena de pétalos,
y apartando la tierra
en un río de espigas llega el sol a mi boca
como una vieja lágrima enterrada que vuelve a ser
semilla.

o crescimento imenso da gota, nem a pálpebra que
quer ser aberta:
porque para nascer nasci, para encerrar o passo
de quanto se aproxima, de quanto a meu peito golpeia
como um novo
coração estremecido.

Vidas recostadas junto de meu traje como pombas
paralelas,
ou contidas em minha própria existência e em meu
desordenado som
para tornar a ser, para possuir o ar desnudo da folha
e o nascimento úmido da terra na grinalda:
até quando
devo voltar e ser, até quando o olor
das flores mais enterradas, das ondas mais trituradas
sobre as altas pedras, guardam em mim sua pátria
para tornar a ser fúria e perfume?

Até quando a mão do bosque na chuva
se aproxima com todas suas agulhas
para tecer os altos beijos da folhagem?
Outra vez
escuto aproximar-se como o fogo no fumo,
nascer da cinza terrestre,
a luz cheia de pétalas,
e separando a terra
num rio de espigas chega o sol à minha boca
como uma velha lágrima enterrada que volta a ser
semente.

II

...Hay en mi corazón furias y penas...
QUEVEDO

(En 1934 fue escrito este poema. Cuántas cosas han sobrevenido desde entonces! España, donde lo escribí, es una cintura de ruinas. Ay!, si con sólo una gota de poesía o de amor pudiéramos aplacar la ira del mundo, pero eso sólo lo pueden la lucha y el corazón resuelto.

El mundo ha cambiado y mi poesía ha cambiado. Una gota de sangre caída en estas líneas quedará viviendo sobre ellas, indeleble como el amor.

Marzo de 1939.)

...Há no meu coração fúrias e penas...
QUEVEDO

(Em 1934 foi escrito este poema. Quantas coisas aconteceram desde então! Espanha, onde o escrevi, é um perímetro de ruínas. Ai!, se com só uma gota de poesia ou de amor pudéssemos aplacar a ira do mundo, mas isto só o podem a luta e o coração resoluto.

O mundo mudou, e minha poesia também. Uma gota de sangue caída nestas linhas ficará vivendo sobre elas, indelével como o amor.

Março de 1939.)

LAS FURIA Y LAS PENAS

En el fondo del pecho estamos juntos,
en el cañaveral del pecho recorremos
un verano de tigres,
al acecho de un metro de piel fría,
al acecho de un ramo de inaccesible cutis,
con la boca olfateando sudor y venas verdes
nos encontramos en la húmeda sombra que deja caer besos.

Tú mi enemiga de tanto sueño roto de la misma manera
que erizadas plantas de vidrio, lo mismo que campanas
deshechas de manera amenazante, tanto como disparos
de hiedra negra en medio del perfume,
enemiga de grandes caderas que mi pelo han tocado
con un ronco rocío, con una lengua de agua,
no obstante el mudo frío de los dientes y el odio de los ojos,
y la batalla de agonizantes bestias que cuidan el olvido,
en algún sitio del verano estamos juntos
acechando com labios que la sed ha invadido.

Si hay alguiem que traspasa
una pared com círculos de fósforo
y hiere el centro de unos dulces miembros
y muerde cada hoja de un bosque dando gritos,
tengo también tus ojos de sangrienta luciérnaga
capaces de impregnar y atravessar rodillas
y gargantas rodeadas de seda general.

AS FÚRIAS E AS PENAS

Bem no fundo do peito estamos juntos,
e no canavial do peito percorremos
um verão de tigres,
à espreita de um metro de pele fria,
à espreita de um ramo de inacessível cútis,
com boca haurindo suor e veias verdes
nos encontramos na úmida sombra que deixa cair beijos.

Tu, minha inimiga de tanto sonho roto da mesma maneira
que eriçadas plantas de vidro, o mesmo que campainhas
desfeitas de maneira ameaçadora, tanto como disparos
de hera negra em meio ao perfume,
inimiga de grandes quadris que meu cabelo tocou
com áspero rocio, com uma língua de água,
não obstante o mudo frio dos dentes e o ódio dos olhos,
e a batalha de agonizantes bestas que cuidam o esquecimento,
em algum sítio do verão estamos juntos
esperando com lábios que a sede invadiu.

Se existe alguém que traspassa
a parede com círculos de fósforos
ferindo o centro desses doces membros
e morde cada folha de um bosque gritando,
tenho também teus olhos de lâmpada sangrenta
capazes de impregnar e atravessar joelhos
e gargantas envolvidas de seda geral.

Cuando en las reuniones
el azar, la ceniza, las bebidas,
el aire interrumpido,
pero ahí están tus ojos oliendo a cacería,
a rayo verde que agujerea pechos,
tus dientes que abren manzanas de las que cae sangre,
tus piernas que se adhieren al sol dando gemidos,
y tus tetas de nácar y tus pies de amapola,
como embudos llenos de dientes que buscan sombra,
como rosas hechas de látigo y perfume, y aun,
aun más, aun más,
aun detrás de los párpados, aun detrás del cielo,
aun detrás de los trajes y los viajes, en las calles donde la
        gente orina,
adivinas los cuerpos,
en las agrias iglesias a medio destruir, en las cabinas
        que el mar lleva en las manos,
acechas con tus labios sin embargo floridos,
rompes a cuchilladas la madera y la plata,
crecen tus grandes venas que asustan:
no hay cáscara, no hay distancia ni hierro,
tocan manos tus manos,
y caes haciendo crepitar las flores negras.

Adivinas los cuerpos!
Como un insecto herido de mandatos,
adivinas el centro de la sangre y vigilas
los músculos que postergan la aurora, asaltas sacudidas,
relámpagos, cabezas,
y tocas largamente las piernas que te guían.

Quando em reuniões
o azar e a cinza, todas as bebidas,
o ar interrompido,
estão teus olhos perfumando a caça,
o raio verde que perfura peitos,
teus dentes que abrem maçãs das que caem sangue,
tuas pernas que se aderem ao sol dando gemidos,
e tuas tetas de nácar, teus pés de papoulas,
feito funis com dentes que buscam a sombra,
como rosas de açoite e de perfume, ainda,
ainda mais e mais,
ainda atrás das pálpebras, ainda atrás do céu,
ainda por trás dos trajes e das viagens, nas ruas onde as
        pessoas urinam,
adivinhas os corpos,
nas acres igrejas meio destruídas, nas cabinas que o
        mar leva nas mãos,
espreitas com teus lábios no entanto floridos,
rompes com punhaladas a madeira e a prata,
crescem as tuas grandes veias que assustam:
não tem casca, não tem distância ou ferro,
tocam mãos tuas mãos,
e cais fazendo crepitar as flores negras.

Adivinhas os corpos!
Como inseto ferido de mandatos,
e adivinhas o centro do sangue e vigias
os músculos que adiam a aurora, assaltas intratáveis
trovões e cabeças,
e tocas largamente as pernas que te guiam.

Oh, conducida herida de flechas especiales!

Hueles lo húmedo en medio de la noche?

O un brusco vaso de rosales quemados?

Oyes caer la ropa, las llaves, las monedas
en las espesas casas donde llegas desnuda?
Mi odio es una sola mano que te indica
el callado camino, las sábanas en que alguien ha dormido
con sobresalto: llegas
y ruedas por el suelo manejada y mordida,
y el viejo olor del semen como una enredadera
de cenicienta harina se desliza a tu boca.

Ay leves locas copas y pestañas,
aire que inunda un entreabierto río
como una sol-paloma de colérico cauce,
como atributo de agua sublevada,
ay substancias, sabores, párpados de ala viva
con un temblor, con una ciega flor temible,
ay graves, serios pechos como rostros,
ay grandes muslos llenos de miel verde,
y talones y sombra de pies, y transcurridas
respiraciones y superficies de pálida piedra,
y duras olas que suben la piel hacia la muerte
llenas de celestiales harinas empapadas.
Entonces, este río
va entre nosotros, y por una ribera
vas tú mordiendo bocas?

Ó, ferida levada por flechas especiais!

Sentes o úmido no meio da noite?

Ou um brusco vaso de rosais queimados?

Ouves cair as roupas, as chaves, as moedas
nas espessas casas onde chegas desnuda?
Meu ódio é uma só mão que te indica
o calado caminho, os lençóis em que alguém dormiu
em sobressalto: chegas
e rodas no solo manejada e mordida,
e o velho olor de sêmen como trepadeira,
cinzenta farinha a deslizar na tua boca.

Há leves loucas taças e pestanas,
ar que inunda um entreaberto rio
feito sol-pomba de raivoso leito,
como atributo de água sublevada,
há substâncias, sabores de asa viva
com um tremor, com uma cega-flor temível,
há graves, sérios peitos como rostos,
há grandes coxas cheias de mel verde,
calcanhares e sombras de pés, transcorridas
respirações, superfícies de pedra pálida,
e duras ondas que levam a pele até a morte
cheias de celestiais farinhas empapadas.
Então este rio
vai entre nós e por uma ribeira
vais mordendo bocas?

Entonces es que estoy verdaderamente,
verdaderamente lejos
y un río de agua ardiendo pasa en lo oscuro?

Ay cuántas veces eres la que el odio no nombra,
y de qué modo hundido en las tinieblas,
y bajo qué lluvias de estiércol machacado
tu estatua en mi corazón devora el trébol.

El odio es un martillo que golpea tu traje
y tu frente escarlata,
y los días del corazón caen en tus orejas
como vagos buhos de sangre eliminada,
y los collares que gota a gota se formaron con lágrimas
rodean tu garganta quemándote la voz como con hielo.

Es para que nunca, nunca
hables, es para que nunca, nunca
salga una golondrina del nido de la lengua
y para que las ortigas destruyan tu garganta
y un vento de buque áspero te habite.

En dónde te desvistes?
En un ferrocarril, junto a un peruano rojo
o con un segador, entre terrones, a la violenta
luz del trigo?
O corres con ciertos abogados de mirada terrible
largamente desnuda, a la orilla del agua de la noche?

Miras: no ves la luna ni el jacinto
ni la oscuridad goteada de humedades,

Então é que estou verdadeiramente,
verdadeiramente longe
e um rio de água ardente passa no escuro?

Ai, quantas vezes és a que o ódio não nomeia,
e de que modo amalgamado em trevas,
também sob que chuvas de esterco pisoteado
tua estátua em meu coração devora o trevo.

O ódio é um martelo que golpeia tuas vestes
e a cara escarlate,
e os dias do coração caem nas tuas orelhas
como corujas vagas de sangue cortado,
e os colares que gota a gota se formaram com lágrimas
envolvem tua garganta queimando-te a voz como gelo.

É para que nunca, nunca
fales, é para que nunca, nunca
possa sair a andorinha do ninho da língua
para que urtigas destruam tua garganta
e um vento de barco áspero te habite.

Onde te despes?
Em um vagão junto a um peruano vermelho
ou com um ceifeiro entre torrões, à violenta
luz do trigo?
Ou ficas com certos advogados de olhar terrível
totalmente nua, na margem da água da noite?

Olhas: não vês a lua nem o jacinto
nem a escuridão perolada de umidade,

ni el tren de cieno, ni el marfil partido:
ves cinturas delgadas como oxígeno,
pechos que aguardan acumulando peso
e idéntica al zafiro de lunar avaricia
palpitas desde el dulce ombligo hasta las rosas.

Por qué sí? Por qué no? Los días descubiertos
aportan roja arena sin cesar destrozada
a las hélices puras que inauguran el día,
y pasa un mes com corteza de tortuga,
pasa un estéril día,
pasa un buey, un difunto,
una mujer llamada Rosalía,
y no queda en la boca sino un sabor de pelo
y de dorada lengua que con sed se alimenta.
Nada sino esa pulpa de los seres,
nada sino esa copa de raíces.

Yo persigo como un túnel roto, en otro extremo
carne y besos que debo olvidar injustamente,
y en las aguas de espaldas, cuando ya los espejos
avivan el abismo, cuando la fatiga, los sórdidos relojes,
golpean a la puerta de hoteles suburbanos, y cae
la flor de papel pintado, y el terciopelo cagado por las
ratas y la cama
cien veces ocupada por miserables parejas, cuando
todo me dice que un día ha terminado, tú y yo
hemos estado juntos derribando cuerpos,
construyendo una casa que no dura ni muere,
tú y yo hemos corrido juntos un mismo río
con encadenadas bocas llenas de sal y sangre,

nem o trem de lama, nem o marfim partido:
vês cinturas finas como oxigênio,
peitos que esperam acumulando peso
e idêntica à safira de avareza lunar
palpitas desde o doce umbigo até as rosas.

Por que sim? Por que não? Os dias descobertos
aportam vermelha areia sempre destroçada
às hélices puras que inauguram o dia,
e passa um mês com córtex de tartaruga,
passa o estéril dia,
passa um boi, passa um defunto,
passa uma mulher chamada Rosália,
e na boca só fica o sabor de cabelos,
língua dourada que com sede se alimenta.
Nada senão esta polpa dos seres,
nada além desta taça de raízes.

Eu persigo como em túnel roto, em outro extremo
carne e beijos que esquecerei injustamente,
e nas águas de costas, quando já os espelhos
avivam o abismo, quando a fadiga, os sórdidos relógios
golpeiam portas de hotéis suburbanos, cai
a flor de papel pintado, e o veludo cagado pelos ratos
e a cama
cem vezes ocupada por miseráveis casais, quando
tudo me diz que um dia terminou, tu e eu
derrubamos corpos quando estivemos juntos,
fazendo uma casa que não dura nem morre,
percorremos juntos tu e eu um mesmo rio
com encadeadas bocas de sal e de sangue,

tú y yo hemos hecho temblar otra vez las luces verdes
y hemos solicitado de nuevo las grandes cenizas.

Recuerdo sólo un día
que tal vez nunca me fue destinado,
era un día incesante,
sin orígenes, Jueves.
Yo era un hombre trasportado al acaso
con una mujer hallada vagamente,
nos desnudamos
como para morir o nadar o envejecer
y nos metimos uno dentro del otro,
ella rodeándome como un agujero,
yo quebrantándola como quien
golpea una campana,
pues ella era el sonido que me hería
y la cúpula dura decidida a temblar.

Era una sorda ciencia com cabello y cavernas
y machacando puntas de médula y dulzura
he rodado a las grandes coronas genitales
entre piedras y asuntos sometidos.
Éste es un cuento de puertos adonde
llega uno, al azar, y sube a las colinas,
suceden tantas cosas.

Enemiga, enemiga
es posible que el amor haya caído al polvo
y no haya sino carne y huesos velozmente adorados
mientras el fuego se consume
y los caballos vestidos de rojo galopan al infierno?

tu e eu fizemos tremer outra vez as luzes verdes
e solicitamos de novo as grandes cinzas.

Relembro só um dia
que talvez nunca me foi destinado,
era um dia incessante,
sem origens, Quinta-feira.
Eu era um homem transportado ao acaso
com uma mulher achada vagamente,
e nos desnudamos
como para morrer ou nadar ou envelhecer
e nos metemos um dentro do outro,
ela envolvendo-me como agulheiro,
e eu tornando-a dúctil como quem
vai golpear um sino,
pois ela era um sino que me feria
e a cúpula dura decidida a estremecer.

Surda ciência com cabelo e cavernas
e pisando pontas de medula e doçura
andei girando as grandes coroas genitais
entre pedras e assuntos submetidos.
Este é um conto de portos onde
se chega, ao azar, e se sobe às colinas,
acontecem coisas.

Inimiga, inimiga
é possível que o amor tenha caído ao pó
e só tenha carne e ossos adorados rápido
enquanto o fogo se consome
e os cavalos vestidos de rubro galopam ao inferno?

Yo quiero para mí la avena y el relámpago
a fondo de epidermis,
y el devorante pétalo desarrollado en furia,
y el corazón labial del cerezo de Junio,
y el reposo de lentas barrigas que arden sin dirección,
pero me falta un suelo de cal con lágrimas
y una ventana donde esperar espumas.

Así es la vida,
corre tú entre las hojas, un otoño
negro ha llegado,
corre vestida con una falda de hojas y un cinturón de
metal amarillo,
mientras la neblina de la estación roe las piedras.
Corre con tus sapatos, com tus medias,
con el gris repartido, com el hueco del pie, y con esas
manos que el tabaco selvaje adoraría,
golpea escaleras, derriba
el papel negro que protege las puertas,
y entra en medio del sol y la ira de un día de puñales
a echarte como paloma de luto y nieve sobre un cuerpo.

Es una sola hora larga como una vena,
y entre el ácido y la paciencia del tiempo arrugado
transcurrimos,
apartando las sílabas del miedo y la ternura,
interminablemente exterminados.

Eu quero para mim esta aveia e o relâmpago,
fundo de epiderme,
devoradora pétala crescida em fúria,
e o coração labial da cereja de Junho,
e o repouso de lentas barrigas que ardem sem direção,
mas me falta um solo de cal com lágrimas
e uma janela onde esperar espumas.

Assim é a vida,
tu corres entre as folhas, um outono
negro que chegou,
corres vestida com uma saia de folhas e um cinturão
de metal amarelo,
enquanto a neblina da estação rói as pedras.
Corres com teus sapatos e tuas meias,
com o cinza repartido, com o oco do pé, e com essas
mãos que o fumo selvagem adoraria,
golpeia as escadas, derruba
o papel negro que protege as portas,
e entra em meio ao sol e a ira de um dia de punhais
a te deixar como pomba de luto e neve sobre um corpo.

É só uma hora larga como uma veia,
e entre o ácido e a paciência do tempo enrugado
transcorremos,
afastando as sílabas de medo e a ternura,
interminavelmente exterminados.

III

REUNIÓN BAJO LAS NUEVAS BANDERAS

QUIÉN HA MENTIDO? El pie de la azucena
roto, insondable, oscurecido, todo
lleno de herida y resplandor oscuro!
Todo, la norma de ola en ola en ola,
el impreciso túmulo del ámbar
y las ásperas gotas de la espiga!
Fundé mi pecho en esto, escuché toda
la sal funesta: de noche
fui a plantar mis raíces:
averigüé lo amargo de la tierra:
todo fue para mí noche o relámpago:
cera secreta cupo en mi cabeza
y derramó cenizas en mis huellas.

Y para quién busqué este pulso frío
sino para una muerte?
Y qué instrumento perdí en las tinieblas
desamparadas, donde nadie me oye?
No,
    ya era tiempo, huid
sombras de sangre,
hielos de estrella, retroceded al paso de los pasos humanos
y alejad de mis pies la negra sombra!

Yo de los hombres tengo la misma mano herida,
yo sostengo la misma copa roja
e igual asombro enfurecido:
                                        un día

REUNIÃO SOB AS NOVAS BANDEIRAS

Quem foi que mentiu? O pé de açucena
roto, insondável, escurecido, todo
pleno em ferida e resplendor escuro!
Tudo, a norma de onda em onda em onda,
e o impreciso túmulo de âmbar
e as ásperas gotas desta espiga!
Fundei meu peito nisto, escutei todo
sal funesto: de noite
fui plantar minhas raízes:
averigüei o amargo desta terra:
tudo foi para mim noite ou relâmpago:
cera secreta coube em minha cabeça,
derramou cinzas nas minhas pegadas.

Para quem busquei este pulso frio
a não ser para a morte?
E qual instrumento perdi nas trevas
desamparadas, onde ninguém me ouve?
Não,
        e já era tempo, fugi
sombras de sangue,
gelo de estrela, retrocedei ao passo dos passos humanos
e afastai dos meus pés a negra sombra!

Eu que tenho dos homens a mesma mão ferida,
eu sustento a mesma taça vermelha
e igual assombro enfurecido:
                                                um dia

palpitante de sueños
humanos, un salvaje
cereal ha llegado
a mi devoradora noche
para que junte mis pasos de lobo
a los pasos del hombre.
                                        Y así reunido,
duramente central, no busco asilo
en los huecos del llanto: muestro
la cepa de la abeja: pan radiante
para el hijo del hombre: en el misterio el azul se prepara
para mirar un trigo lejano de la sangre.

Dónde está tu sitio en la rosa?
En dónde está tu párpado de estrella?
Olvidaste esos dedos de sudor que enloquecen
por alcanzar la arena?
                                        Paz para ti, sol sombrío,
paz para ti, frente ciega,
hay un quemante sitio para ti en los caminos,
hay piedras sin misterio que te miran,
hay silencios de cárcel con una estrella loca,
desnuda, desbocada, contemplando el infierno.

Juntos, frente al sollozo!
                                        Es la hora
alta de tierra y de perfume, mirad este rostro
recién salido de la sal terrible,
mirad esta boca amarga que sonríe,
mirad este nuevo corazón que os saluda
con su flor desbordante, determinada y áurea.

palpitante de sonhos
humanos, um selvagem
cereal chegou
na minha noite devoradora
para que junte meus passos de lobo
aos passos de cada homem.
                                        Reunido assim,
duramente central, não busco asilo
nos vazios dessas lágrimas e mostro
a cepa da abelha: um pão radiante
para o filho do homem: no mistério o azul se prepara
para olhar o trigo em sangue distante.

Onde está o teu lugar na rosa?
E onde estará tua pálpebra de estrela?
Esqueceste esses dedos suados que enlouquecem
para alcançar a areia?
                                        Paz para ti, sol sombrio,
paz para ti, rosto cego,
há um lugar que queima para ti nos caminhos,
há pedras sem mistério que te vêem,
há silêncios de cárcere de estrela louca,
desnuda, desbocada, olhando para o inferno.

Juntos, frente ao soluço!
                                        Sendo a hora
alta de terra e de perfume, olha este rosto
que ainda agora saiu do sal terrível,
olha esta boca amarga que está sorrindo,
olha este novo coração que os saúda
com sua flor que se esparrama forte e dourada.

IV

ESPAÑA EN EL CORAZÓN

Invocación

PARA EMPEZAR, para sobre la rosa
pura y partida, para sobre el origen
del cielo y aire y tierra, la voluntad de un canto
con explosiones, el deseo
de un canto inmenso, de un metal que recoja
guerra y desnuda sangre.
España, cristal de copa, no diadema,
sí machacada piedra, combatida ternura
de trigo, cuero y animal ardiendo.

Bombardeo
Maldición

Mañana, hoy, por tus pasos
un silencio, un asombro de esperanzas
como un aire mayor: una luz, una luna,
luna gastada, luna de mano en mano,
de campana en campana!
Madre natal, puño
de avena endurecida,
planeta
seco y sangriento de los héroes!

Quién?, por caminos, quién,
quién, quién? en sombra, en sangre, quién?

ESPANHA NO CORAÇÃO

Invocação

Para começar, pára sobre a rosa
pura e partida, pára sobre a origem
de céu e ar e terra, a vontade de um canto
com explosões, o desejo
de um vento imenso, de um metal que recolha
guerra e desnude o sangue.
Espanha, cristal de taça, não diadema,
sim machucada pedra, combatida ternura
de trigo, coro e animal ardendo.

Bombardeio
Maldição

Amanhã, hoje, por teus passos
um silêncio, um assombro de esperanças
como um canto maior: uma luz, uma lua,
lua gasta, lua que passa de mão em mão,
de campanário em campanário!
Mãe natal, punho
de aveia endurecida,
planeta
seco e sangrento dos heróis!

Quem?, pelos caminhos, e quem,
quem, quem, em sombra, em sangue, quem?

en destello, quién?
quién? Cae
ceniza, cae
hierro
y piedra y muerte y llanto y llamas,
quién, quién, madre mía, quién, adónde?
Patria surcada, juro que en tus cenizas
nacerás como flor de agua perpetua,
juro que de tu boca de sed saldrán al aire
los pétalos del pan, la derramada
espiga inaugurada. Malditos sean,
malditos, malditos los que con hacha y serpiente
llegaron a tu arena terrenal, malditos los
que esperaron este día para abrir la puerta
de la mansión al moro y al bandido:
qué habéis logrado? Traed, traed la lámpara,
ved el suelo empapado, ved el huesito negro
comido por las llamas, la vestidura
de España fusilada.

España pobre
por culpa de los ricos

Malditos los que un día
no miraron, malditos ciegos malditos,
los que no adelantaron a la solemne patria
el pan sino las lágrimas, malditos
uniformes manchados y sotanas
de agrios, hediondos perros de cueva y sepultura.

em faísca, quem,
quem? Cai
cinza, cai
ferro
e pedra e morte e pranto e chamas,
quem, quem, minha mãe, quem, onde?
Pátria sulcada, juro que em tuas cinzas
nascerás como flor de água perpétua,
juro que de tua boca em sede sairão ao ar
as pétalas do pão, a derramada
espiga inaugurada. Malditos sejam,
malditos, malditos que com acha e serpente
chegaram à tua arena terrestre, malditos
os que esperaram este dia para abrir a porta
da mansão para o mouro e o bandido:
conseguiste o quê? Trazei a lâmpada,
olhai o solo empapado, olhai o osso negro
comido pelas chamas, a vestimenta
da Espanha fuzilada.

Espanha pobre
por culpa dos ricos

Malditos os que um dia
não olharam, malditos cegos, malditos,
os que não adiantaram à solene pátria
o pão e sim as lágrimas, malditos
uniformes manchados e sotainas
de acres, hediondos cães de cova e sepultura.

La pobreza era por España
como caballos llenos de humo,
como piedras caídas del
manantial de la desventura,
tierras cereales sin
abrir, bodegas secretas
de azul y estaño, ovarios, puertas, arcos
cerrados, profundidades
que querían parir, todo estaba guardado
por triangulares guardias con escopeta,
por curas de color de triste rata,
por lacayos del rey de inmenso culo.
España dura, país manzanar y pino,
te prohibían tus vagos señores:
A no sembrar, a no parir las minas,
a no montar las vacas, al ensimismamiento
de las tumbas, a visitar cada año
el monumento de Cristóbal el marinero, a relinchar
discursos con macacos venidos de América,
iguales en "posición social" y podredumbre.
No levantéis escuelas, no hagáis crujir la cáscara
terrestre con arados, no llenéis los graneros
de abundancia trigal: rezad, bestias, rezad,
que un dios de culo inmenso como el culo del rey
os espera: "Allí tomaréis sopa, hermanos míos".

La tradición

En las noches de España, por los viejos jardines
la tradición, llena de mocos muertos,

A pobreza era por Espanha
como cavalos cheios de fumo,
como pedras caídas
do manancial da desventura,
cereais terras sem
abrir, adegas secretas
de azul e estanho, ovários, portas, arcos,
fechados, as profundezas
que queriam parir, e tudo estava guardado
por triangulares guardas de escopetas,
por padres de uma cor de triste rato,
por lacaios do rei de imensa bunda.
Espanha dura, país maçã e pinheiro,
proibiam-te os teus vagos senhores:
A não semear, a não parir as minas,
a não montar as vacas, ao ensimesmamento
das tumbas, e visitando cada ano
o monumento de Cristóvão, o marinheiro, a relinchar
discursos, macacos recém-vindos da América,
iguais em "posição social" e podridão.
Não levanteis escolas, não façais a casca
da terra ranger com arados, não encheis silos
de abundância trigal, rezai, bestas, rezai,
um deus de rabo imenso e semelhante ao rei
vos espera: "Lá tomareis sopa, irmãos meus".

A tradição

E na noite da Espanha, pelos velhos jardins
a tradição, cheia de mucos mortos,

chorreando pus y peste se paseaba
con una cola en bruma, fantasmal y fantástica,
vestida de asma y huecos levitones sangrientos,
y su rostro de ojos profundos detenidos
eran verdes babosas comiendo tumba,
y su boca sin muelas mordía cada noche
la espiga sin nacer, el mineral secreto,
y pasaba com su corona de cardos verdes
sembrando vagos huesos de difunto y puñales.

Madrid (1936)

Madrid sola y solemne, Julio te sorprendió con tu alegría
de panal pobre: clara era tu calle,
claro era tu sueño.

Un hipo negro
de generales, una ola
de sotanas rabiosas
rompió enre tus rodillas
sus cenagales aguas, sus ríos de gargajo.

Con los hojos heridos todavía de sueño,
con escopeta y piedras, Madrid, recién herida,
te defendiste. Corrías
por las calles
dejando estelas de tu santa sangre,
reuniendo y llamando con una voz de océano,
con un rostro cambiado para siempre
por la luz de la sangre, como una vengadora
montaña, como una silbante
estrella de cuchillos.

esguichando pus e peste, passeando
com um rabo na bruma, fantasmal e fantástica,
vestida de asma e ocas casacas sangrentas,
e seu rosto de olhos profundos e parados
eram verdes lesmas comendo tumbas,
e sua boca sem dentes mordia cada noite
a espiga não nascida, e o mineral secreto,
e passava com a coroa de cardos verdes
semeando de vagos ossos de morto e punhais.

Madri (1936)

Madri só e solene, Julho te surpreendeu com tua alegria
de colméia pobre: clara era a tua rua,
claro era teu sonho.

Um espasmo negro
de generais, uma onda
de sotainas raivosas
rompeu entre teus joelhos
suas senegais águas, seus rios de gargalho.

Com os olhos feridos, no entanto, de sonho,
com escopeta e pedras, Madri, machucada,
te defendeste. Corrias
pelas ruas
deixando rastros de teu santo sangue,
reunindo e chamando com uma voz de oceano,
com um rosto alterado para sempre
pela luz do sangue, como certa vingadora
montanha, como sibilante
estrela de facas.

Cuando en los tenebrosos cuarteles, cuando en las
sacristías
de la traición entró tu espada ardiendo,
no hubo sino silencio de amanecer, no hubo
sino tu paso de banderas,
y una honorable gota de sangre en tu sonrisa.

Explico algunas
cosas

Preguntaréis: Y dónde están las lilas?
Y la metafísica cubierta de amapolas?
Y la lluvia que a menudo golpeaba
sus palabras llenándolas
de agujeros y pájaros?

Os voy a contar todo lo que me pasa.

Yo vivía en un barrio
de Madrid, con campanas,
con relojes, con árboles.

Desde allí se veía
el rostro seco de Castilla
como un océano de cuero.

Mi casa era llamada
la casa de las flores, porque por todas partes
estallaban geranios: era
una bella casa
con perros y chiquillos.

Quando nos tenebrosos quartéis, quando nas
sacristias
da traição penetrou tua espada ardente,
não houve senão o silêncio do amanhecer,
senão teus passos de bandeiras,
e uma honrada gota de sangue em teu sorriso.

Explico algumas
coisas

Perguntareis: e onde estão os lilases?
E a metafísica coberta de papoulas?
E a chuva que continuamente golpeava
suas palavras penetrando-as
de buracos e pássaros?

Vou contar tudo o que passou comigo.

Eu vivia num bairro
de Madri, com os sinos,
com relógios, com árvores.

Via-se desde lá
o rosto seco de Castela
como um oceano de couro.

Minha casa era chamada
a casa das flores, porque por toda parte
estalavam gerânios: era
uma bela casa
com cachorros e crianças.

Raúl, te acuerdas?
Te acuerdas, Rafael?
Federico, te acuerdas
debajo de la tierra,
te acuerdas de mi casa con balcones en donde
la luz de Junio ahogaba flores en tu boca?

Hermano, hermano!

Todo
eran grandes voces, sal de mercaderías,
aglomeraciones de pan palpitante,
mercados de mi barrio de Argüelles con su estatua
como un tintero pálido entre las merluzas:
el aceite llegaba a las cucharas,
un profundo latido
de pies y manos llenaba las calles,
metros, litros, esencia
aguda de la vida,
pescados hacinados,
contextura de techos com sol frío en el cual
la flecha se fatiga,
delirante marfil fino de las patatas,
tomates repetidos hasta el mar.

Y una mañana todo estaba ardiendo
y uma mañana las hogueras
salían de la tierra
devorando seres,
y desde entonces fuego,
pólvora desde entonces,
y desde entonces sangre.

Lembras, Raul?
Lembras, Rafael?
Federico, te lembras
debaixo da terra,
tu lembras da minha casa com balcões e onde
a luz de Junho afogava a flor na tua boca?

Irmão, irmão!

Tudo
eram grandes vozes, sal de mercadorias,
aglomerações de pão palpitante,
mercados do meu bairro de Argüelles com sua estátua,
como um tinteiro pálido entre as merluzas:
e o azeite chegava até as colheres,
um profundo bater
de pés e mãos enchia as avenidas,
metros, litros, essência
aguda de vida,
pescados nas suas pilhas,
contextura de tetos com sol frio no qual
a flecha se fatiga,
o delirante marfim fino das batatas,
tomates repetidos até o mar.

E numa manhã tudo estava ardendo
e numa manhã as fogueiras
saíam da terra
devorando seres,
e desde esse momento fogo,
pólvora desde esse momento,
e desde esse momento sangue.

Bandidos con aviones y con moros,
bandidos con sortijas y duquesas,
bandidos con frailes negros bendiciendo
venían por el cielo a matar niños,
y por las calles la sangre de los niños
corría simplemente, como sangre de niños.

Chacales que el chacal rechazaría,
piedras que el cardo seco mordería escupiendo,
víboras que las víboras odiaran!

Frente a vosotros he visto la sangre
de España levantarse
para ahogaros en una sola ola
de orgullo y de cuchillos!

Generales
traidores:
mirad mi casa muerta,
mirad España rota:
pero de cada casa muerta sale metal ardiendo
en vez de flores,
pero de cada hueco de España
sale España,
pero de cada niño muerto sale un fusil con ojos,
pero de cada crimen nacen balas
que os hallarán un día el sitio
del corazón.

Preguntaréis por qué su poesía
no nos habla del suelo, de las hojas,
de los grandes volcanes de su país natal?

Bandidos com aviões e com mouros,
bandidos com anéis e com duquesas,
bandidos com frades negros bendizendo
vinham pelo céu a matar meninos,
e pela rua o sangue dos meninos
corria simples, como sangue de meninos.

Chacais que o próprio chacal rechaçaria,
pedras que o cardo seco morderia cuspindo,
e víboras que as víboras odiariam!

Na frente de vocês eu vi o sangue
da Espanha levantar-se
para afogá-los numa única onda
de forte orgulho e facas!

Generais
traidores:
olhai minha casa morta,
olhai a Espanha rota:
mas de cada casa morta sai metal ardendo
em vez de flores,
mas de cada canto da Espanha
sai Espanha,
mas de cada criança morta sai um fuzil com olhos,
mas para cada crime nascem balas
que acharão neles um dia o sítio
do coração.

Perguntareis por que sua poesia
não nos fala do solo e das folhas,
dos grande vulcões do seu país natal?

Venid a ver la sangre por las calles,
venid a ver
la sangre por las calles,
venid a ver la sangre
por las calles!

Canto a las madres
de los milicianos
muertos

No han muerto! Están en medio
de la pólvora,
de pie, como mechas ardiendo.

Sus sombras puras se han unido
en la pradera de color de cobre
como una cortina de viento blindado,
como una barrera de color de furia,
como el mismo invisible pecho del cielo.

Madres! Ellos están de pie en el trigo,
altos como el profundo mediodía,
dominando las grandes llanuras!
Son una campanada de voz negra
que a través de los cuerpos de acero asesinado
repica la victoria.
                                        Hermanas como el polvo
caído, corazones
quebrantados,
tened fe en vuestros muertos.
No sólo son raíces
bajo las piedras teñidas de sangre,

Vinde ver o sangue correr nas ruas,
vinde ver
o sangue pelas ruas,
vinde ver o sangue
pelas ruas!

Canto às mães
dos milicianos
mortos

Não morreram! Estão no meio
da pólvora,
de pé, como mechas ardendo.

Suas sombras puras estão se unindo
na pradaria que tem cor de cobre
como uma cortina de vento blindado,
como uma barreira da cor da fúria,
como o mesmo e invisível peito do céu.

Mães! Eles estão de pé plantados no trigo,
altos como o profundo meio-dia,
dominando as grandes planícies!
São uma badalada de voz negra
que através dos corpos de aço assassinado
vai repicando a vitória.
Irmãs como o pó
caído, corações
acabrunhados,
tenham fé em vossos mortos.
Não só são raízes
embaixo de pedras tintas de sangue,

no sólo sus pobres huesos derribados
definitivamente trabajan en la tierra,
sino que aún sus bocas muerden pólvora seca
y atacan como océanos de hierro, y aún
sus puños levantados contradicen la muerte.
Porque de tantos cuerpos una vida invisible
se levanta. Madres, banderas, hijos!
Un solo cuerpo vivo como la vida:
un rostro de ojos rotos vigila las tinieblas
con una espada llena de esperanzas terrestres!

Dejad
vuestros mantos de luto, juntad todas
vuestras lágrimas hasta hacerlas metales:
que allí golpeamos de día y de noche,
allí pateamos de día y de noche,
allí escupimos de día y de noche
hasta que caigan las puertas del odio!
Yo no me olvido de vuestras desgracias, conozco
vuestros hijos,
y si estoy orgulloso de sus muertes,
estoy también orgulloso de sus vidas.

Sus risas
relampagueaban en los sordos talleres,
sus pasos en el Metro
sonaban a mi lado cada día, y junto
a las naranjas de Levante, a las redes del Sur, junto
a la tinta de las imprentas, sobre el cemento de las
arquitecturas
he visto llamear sus corazones de fuego y energías.

não só seus pobres ossos derrubados
definitivamente trabalham na terra,
mas ainda suas bocas mordem pólvora
seca e atacam como oceanos de ferro, e ainda
seus punhos erguidos contradizem a morte.
Porque de tantos corpos uma vida invisível
se levanta. Mães, bandeiras e filhos!
Todos como um só corpo vivo como a vida:
um rosto de olhos rotos que vigia as trevas
com uma espada cheia de esperança terrestre!

Deixai
vossos mantos de luto, juntai todas
vossas lágrimas até fazê-las metais:
que ali golpeamos de dia e de noite,
ali chutamos de dia e de noite,
ali cuspimos de dia e de noite
até que as portas do ódio caiam!
Não me esqueço de vossas desgraças, conheço
vossos filhos,
e se estou orgulhoso de suas mortes,
tenho também orgulho de suas vidas.

Seus risos
eram relâmpagos nas surdas oficinas,
seus passos no Metrô
soavam ao meu lado cada dia, e junto
às laranjas do Levante, e às redes do Sul, junto
às tintas das impressoras, no cimento das
arquiteturas
vi em chama seus corações de fogo e energias.

Y como en vuestros corazones, madres,
hay en mi corazón tanto luto y tanta muerte
que parece una selva
mojada por la sangre que mató sus sonrisas,
y entran en él las rabiosas nieblas del desvelo con la
desgarradora soledad de los días.

Pero
más que la maldición a las hienas sedientas, al estertor
bestial,
que aúlla desde el África sus patentes inmundas,
más que la cólera, más que el desprecio, más que el
llanto,
madres atravesadas por la angustia y la muerte,
mirad el corazón del noble día que nace,
y sabed que vuestros muertos sonríen desde la tierra
levantando los puños sobre el trigo.

Cómo era
España

Era España tirante y seca, diurno
tambor de son opaco,
llanura y nido de águilas, silencio
de azotada intemperie.

Cómo, hasta el llanto, hasta el alma
amo tu duro suelo, tu pan pobre,
tu pueblo pobre, cómo hasta el hondo sitio
de mi ser hay la flor perdida de tus aldeas
arrugadas, inmóviles de tiempo,

E como nos vossos corações, mães,
há em meu coração tanto luto e tanta morte
que parece uma selva
molhada pelo sangue que molhou seus risos,
e entram nele as raivosas névoas de desvelo com a
desgarrada solidão dos dias.

Mas
mais que a maldição das hienas sedentas, ao estertor
bestial,
que uiva desde a África suas patentes imundas,
mais que a cólera, mais que o desprezo, mais que o
pranto,
mães atravessadas pela angústia e pela morte,
olhem o coração do nobre dia que nasce,
e saibam que os seus mortos sorriem desde a terra,
levantando os seus punhos sobre o trigo.

Como era
a Espanha

Era a Espanha tirante e seca, diurno
tambor de som opaco,
planície e ninho de águias e silêncio
de açoitada intempérie.

E como, até com o pranto, e com a alma
amo teu duro solo, teu pão pobre,
teu povo pobre, como até o fundo sítio
do meu ser há a flor perdida de tuas aldeias
enrugadas, imóveis no seu tempo,

y tus campiñas minerales
extendidas en luna y en edad
y devoradas por un dios vacío.

Todas tus estructuras, tu animal
aislamiento junto a tu inteligencia
rodeada por las piedras abstractas del silencio,
tu áspero vino, tu suave
vino, tus violentas
y delicadas viñas.

Piedra solar, pura entre las regiones
del mundo, España recorrida
por sangres y metales, azul y victoriosa
proletaria de pétalos y balas, única
viva y soñolienta y sonora.

Huélamo, Carrascosa,
Alpedrete, Buitrago,
Palencia, Arganda, Galve,
Galapagar, Villalba.

Peñarrubia, Cedrillas,
Alcocer, Tamurejo,
Aguadulce, Pedrera,
Fuente Palmera, Colmenar, Sepúlveda.

Carcabuey, Fuencaliente,
Linares, Solana del Pino,
Carcelen, Alatox,
Mahora, Valdeganda.

e tuas campinas minerais
estendidas em lua e idade
e devoradas por um deus vazio.

Todas tuas estruturas, teu animal
isolamento com tua inteligência
envolta por pedras abstratas de silêncio,
teu áspero vinho, teu suave
vinho, tuas violentas
e delicadas vinhas.

Pedra solar, pura entre as regiões
do mundo, Espanha percorrida
por sangues e metais, azul e vitoriosa
proletária de pétalas e balas, única
viva e sonolenta e sonora.

Huélamo, Carrascosa,
Alpedrete, Buitrago,
Palencia, Arganda, Galve,
Galapar, Villalba.

Peñarrubia, Cedrillas,
Alcocer, Tamurejo
Aguadulce, Pedrera,
Fuente Palmera, Colmenar, Sepúlveda.

Carcabuey, Fuencaliente,
Linares, Solana del Pino,
Carcelen, Alatox,
Mahora, Valdeganda.

Yeste, Riopar, Segorbe,
Orihuela, Montalbo,
Alcaraz, Caravaca,
Almendralejo, Castejón de Monegros.

Palma del Río, Peralta,
Granadella, Quintana
de la Serena, Atienza, Barahona,
Navalmoral, Oropesa.

Alborea, Monóvar,
Almansa, San Benito,
Moratalla, Montesa,
Torre Baja, Aldemuz.

Cevico Navero, Cevico de la Torre,
Albalate de las Nogueras,
Jabaloyas, Teruel,
Camporrobles, la Alberca.

Pozo Amargo, Candeleda,
Pedroñeras, Campillo de Altobuey,
Loranca de Tajuña, Puebla de la Mujer Muerta,
Torre la Cárcel, Játiva, Alcoy.

Puebla de Obando, Villar del Rey,
Beloraga, Brihuega,
Cetina, Villacañas, Palomas,
Navalcán, Henarejos, Albatana.

Yeste, Riopar, Segorbe,
Orihuela, Montalbo,
Alcaraz, Caravaca,
Almendralejo, Castejón de Monegros.

Palma del Río, Peralta,
Granadella, Quintana
de la Serena, Atienza, Barahona,
Navalmoral, Oropesa.

Alborea, Monóvar,
Almansa, San Benito,
Moratalla, Montesa,
Torre Baja, Aldemuz.

Cevico Navero, Cevico de la Torre,
Albalate de las Nogueras,
Jabaloyas, Teruel,
Camporrobles, la Alberca.

Pozo Amargo, Candeleda,
Pedroñeras, Campillo de Altobuey,
Loranca de la Tajuña, Puebla de la Mujer Muerta,
Torre de la Cárcel, Játiva, Alcoy.

Puebla de Obando, Vilar del Rey,
Beloraga, Brihuega,
Cetina, Villacañas, Palomas,
Navalcán, Henarejos, Albatana.

Torredonjimeno, Trasparga,
Agramón, Crevillente,
Poveda de la Sierra, Pedernoso,
Alcolea de Cinca, Matallanos.

Ventosa del Río, Alba de Tormes,
Horcajo Medianero, Piedrahita,
Minglanilla, Navamorcuende, Navalperal,
Navalcarnero, Navalmorales, Jorquera.

Argora, Torremocha, Argecilla,
Ojos Negros, Salvacañete, Utiel,
Laguna Seca, Cañamares, Salorino,
Aldea Quemada, Pesquera de Duero.

Fuenteovejuna, Alpedrete,
Torrejón, Benaguacil,
Valverde de Júcar, Vallanca,
Hiendelaencina, Robledo de Chavela.

Miñogalindo, Ossa de Montiel,
Méntrida, Valdepeñas, Títaguas,
Almodóvar, Gestalgar, Valdemoro,
Almoradiel, Orgaz.

Torredonjimeno, Trasparga,
Agramón, Crevillente,
Poveda de la Sierra, Pedernoso,
Alcolea de Cinca, Matallanos.

Ventosa del Río, Alba de Tormes,
Horcajo Medianero, Piedrahita,
Minglanilla, Navamorcuende, Navalperal,
Navalcarnero, Navalmorales, Jorquera.

Argora, Torremocha, Argecilla,
Ojos Negros, Salvacañete, Utiel,
Laguna Seca, Cañamares, Salorino,
Aldea Quemada, Pesquera de Duero.

Fuenteovejuna, Alpedrete,
Torrejón, Benaguacil,
Valverde de Júcar, Vallanca,
Hiendelaencina, Robledo de Chavela.

Miñogalindo, Ossa de Montiel,
Méntrida, Valdepeñas, Títaguas,
Almodóvar, Gestalgar, Valdemoro,
Almoradiel, Orgaz.

Llegada a Madrid
de la Brigada
Internacional

Una mañana de un mes frío,
de un mes agonizante, manchado por el lodo y por el humo
un mes sin rodillas, un triste mes de sitio y desventura,
cuando a través de los cristales mojados de mi casa se
        oían los chacales africanos
aullar com los rifles y los dientes llenos de sangre,
        entonces,
cuando no teníamos más esperanza que un sueño de
        pólvora, cuando ya creíamos
que el mundo estaba lleno sólo de monstruos devora-
        dores y de furias
entonces, quebrando la escarcha del mes frío de Madrid,
        en la niebla
del alba
he visto con estos ojos que tengo, con este corazón que
        mira,
he visto llegar a los claros, a los dominadores combatientes
de la delgada y dura y madura y ardiente brigada de
        piedra.

Era el acongojado tiempo en que las mujeres
llevaban una ausencia como un carbón terrible,
y la muerte española, más ácida y aguda que otras
        muertes
llenaba los campos hasta entonces honrados por el
        trigo.

Chegada a Madri
da brigada
Internacional

Uma manhã de um mês frio,
num mês agonizante, manchado pelo lodo e pela fumaça,
um mês sem joelhos, um triste mês de sítio e desventura,
quando através dos cristais molhados da minha casa
se ouviam os chacais africanos
uivar com os rifles e os dentes cheios de sangue, e
então,
quando já não tínhamos mais esperança que um sonho
de pólvora, quando acreditávamos
que o mundo estava cheio só de monstros devoradores
e de fúrias,
então, quebrando a capa de neve do mês frio de Madri,
na névoa
da manhã
vi com estes olhos que tenho, com este coração que
olha,
vi chegar os claros, os dominadores combatentes
da fina e dura e madura e ardente brigada de pedra.

Era o tempo oprimido em que as mulheres
levavam uma ausência como um carvão terrível,
e a morte espanhola, mais ácida e aguda que outras
mortes
vinha encher os campos até então honrados pelo
trigo.

Por las calles la sangre rota del hombre se juntaba
con el agua que sale del corazón destruido de las casas:
los huesos de los niños deshechos, el desgarrador
enlutado silencio de las madres, los ojos
cerrados para siempre de los indefensos,
eran como la tristeza y la pérdida, eran como un jardín
        escupido,
eran la fe y la flor asesinadas para siempre.

Camaradas,
entonces
os he visto,
y mis ojos están hasta ahora llenos de orgullo
porque os vi a través de la mañana de niebla llegar a la
        frente pura de Castilla
silenciosos y firmes
como campanas antes del alba,
llenos de solemnidad y de ojos azules venir de lejos y lejos,
venir de vuestros rincones, de vuestras patrias perdi-
        das, de vuestros sueños
llenos de dulzura quemada y de fusiles
a defender la ciudad española en que la libertad acorralada
pudo caer y morir mordida por las bestias.

Hermanos, que desde ahora
vuestra pureza y vuestra fuerza, vuestra historia solemne
sea conocida del niño y del varón, de la mujer y del viejo,
llegue a todos los seres sin esperanza, baje a las minas
        corroídas por el aire sulfúrico,
suba a las escaleras inhumanas del esclavo,

Pelas ruas o sangue roto do homem se juntava
com a água que sai do coração destruído das casas:
os ossos dos meninos desfeitos, o dilacerante
enlutado silêncio das mães, os olhos
fechados para sempre dos indefesos,
eram como a tristeza e a perda, eram como um jardim
        cuspido,
eram assim a fé e a flor assassinadas para sempre.

Camaradas,
então
vi vocês,
meus olhos até agora estão cheios de orgulho
porque vi vocês através da manhã de névoa chegarem
        ao rosto puro de Castela
silenciosos e firmes
como sinos antes da manhã,
cheios de solenidade e de olhos azuis, de longe
vir de suas regiões, de pátrias perdidas, de seus sonhos
cheios de doçura queimada e de fuzis
a defender a cidade espanhola onde a liberdade en-
        curralada
pôde cair e até morrer mordida pelas bestas.

Irmãos, que desde agora
sua pureza e sua força, sua história solene
seja conhecida do menino e do varão, da mulher e do velho,
chegue a todos os seres sem esperança, baixe às minas
        corroídas pelo ar sulfúrico,
suba as escadarias inumanas do escravo,

que todas las estrellas, que todas las espigas de Castilla
y del mundo
escriban vuestro nombre y vuestra áspera lucha
y vuestra victoria fuerte y terrestre como una encina
roja.
Porque habéis hecho renacer com vuestro sacrificio
la fe perdida, el alma ausente, la confianza en la tierra,
y por vuetra abundancia, por vuestra nobleza, por
vuestros muertos,
como por un valle de duras rocas de sangre
pasa un inmenso río con palomas de acero y de esperanza.

Batalla del río Jarama

Entre la tierra y el platino ahogado
de olivares y muertos españoles,
Jarama, puñal puro, has resistido
la ola de los crueles.

Allí desde Madrid llegaron hombres
de corazón dorado por la pólvora
como un pan de ceniza y resistencia,
allí llegaron.

Jarama, estabas entre hierro y humo
como una rama de cristal caído,
como una larga línea de medallas
para los victoriosos.

que todas as estrelas, que todas as espigas de Castela e
do mundo
escrevam o seu nome e a áspera luta
e sua vitória forte e terrestre como um carvalho vermelho.
Porque fizeram renascer com o seu sacrifício
a fé perdida, a alma ausente, a confiança nesta terra,
e por sua abundância, e sua nobreza, por seus mortos,
como em um vale de duras rochas de sangue
passa um imenso rio com pombas de aço e de esperança.

Batalha
do rio Jarama

Entre a terra e o metálico afogado
de oliveiras e mortos espanhóis,
Jarama, punhal puro, resististe
à onda dos cruéis.

Ali desde Madri chegaram homens
de coração dourado pela pólvora,
como um pão de cinza e de resistência,
ali chegaram.

Jarama, estavas entre ferro e fumo
como um ramo de cristal que caiu,
como uma larga linha de medalhas
para os vitoriosos.

Ni socavones de substancia ardiendo,
ni coléricos vuelos explosivos,
ni artillería de tiniebla turbia
dominaron tus aguas.

Aguas tuyas bebieron los sedientos
de sangre, agua bebieron boca arrriba:
agua española y tierra de olivares
los llenaron de olvido.

Por un segundo de agua y tiempo el cauce
de la sangre de moros y traidores
palpitaba en tu luz como los peces
de un manantial amargo.

La áspera harina de tu pueblo estaba
toda erizada de metal y huesos,
formidable y trigal como la noble
tierra que defendían.

Jarama, para hablar de tus regiones
de esplendor y dominio, no es mi boca
suficiente, y es pálida mi mano:
allí quedan tus muertos.

Allí quedan tu cielo doloroso,
tu paz de piedra, tu estelar corriente,
y los eternos ojos de tu pueblo
vigilan tus orillas.

Nem as crateras de substância ardendo,
nem os coléricos vôos explosivos,
nem a artilharia de trevas mais turvas
venceram tuas águas.

Águas tuas beberam os sedentos
de sangue, água beberam goela abaixo:
água espanhola e terra de olivais
que já te esqueceram.

Por um segundo de água e tempo o leito
de sangue desses mouros e traidores
palpitava na tua luz como os peixes
numa fonte amarga.

A áspera farinha de um povo estava
toda eriçada de metal e de ossos,
formidável e trigal como a nobre
terra defendida.

Jarama, para falar das regiões
de esplendor e domínio, minha boca
não basta, e é pálida esta minha mão:
ficaram ali teus mortos.

Ali ficaram teu céu doloroso,
tua paz de pedra, tua estelar corrente,
e os sempre eternos olhos do teu povo
vigiam tuas margens.

Almería

Un plato para el obispo, un plato triturado y amargo,
un plato con restos de hierro, con cenizas, con lágrimas,
un plato sumergido, con sollozos y paredes caídas,
un plato para el obispo, un plato de sangre de
Almería.

Un plato para el banquero, un plato com mejillas
de niños del Sur feliz, un plato
con detonaciones, com aguas locas y ruinas y espanto,
un plato com ejes partidos y cabezas pisadas,
un plato negro, un plato de sangre de Almería.

Cada mañana, cada mañana turbia de vuestra vida
lo tendréis humeante y ardiente en vuestra mesa:
lo apartaréis un poco com vuestras suaves manos
para no verlo, para no digerirlo tantas veces:
lo apartaréis un poco entre el pan y las uvas,
a este plato de sangre silenciosa
que estará allí cada mañana, cada
mañana.

Un plato para el Coronel y la esposa del Coronel,
en una fiesta de la guarnición, en cada fiesta,
sobre los juramentos y los escupos, con la luz de vino
        de la madrugada
para que lo veáis temblando y frío sobre el mundo.

Sí, un plato para todos vosotros, ricos de aquí y de allá,
embajadores, ministros, comensales atroces,

Almería

Um prato para o bispo, um prato triturado e amargo,
um prato com restos de ferro, com cinzas, com lágrimas,
um prato submerso, com soluços e paredes caídas,
um prato para o bispo, um prato de sangue da
Almería.

Um prato para o banqueiro, um prato com caras
de meninos do Sul feliz, um prato
com detonações, com águas loucas e ruínas e espanto,
um prato com eixos partidos e cabeças pisadas,
um prato negro, um prato de sangue da Almería.

Cada manhã, cada manhã turva de vossa vida
o terás fumegante e ardente na vossa mesa:
o afastarás um pouco com vossas suaves mãos
para não vê-lo, para não digeri-lo tantas vezes:
o afastareis mais um pouco entre o pão e as uvas,
a este prato de sangue silencioso
e que estará ali cada manhã, cada
manhã.

Um prato para o Coronel e a esposa do Coronel,
numa festa da guarnição, em cada festa,
sobre os juramentos e os cuspes, com a luz de vinho
        da madrugada
para que o vejais tremendo e frio sobre o mundo.

Sim, um prato para todos vós, ricos daqui e de lá,
embaixadores e ministros, comensais atrozes,

señoras de confortable té y asiento:
un plato destrozado, desbordado, sucio de sangre pobre,
para cada mañana, para cada semana, para siempre jamás,
un plato de sangre de Almería, ante vosotros, siempre.

Tierras ofendidas

Regiones sumergidas
en el interminable martirio, por el inacabable
silencio, pulsos
de abeja y roca exterminada,
tierra que en vez de trigo y trébol
traéis señal de sangre seca y crimen:
caudalosa Galicia, pura como la lluvia,
salada para siempre por las lágrimas:
Extremadura, en cuya orilla augusta
de cielo y aluminio, negro como agujero
de bala, traicionado y herido y destrozado,
Badajoz sin memoria, entre sus hijos muertos
yace mirando un cielo que recuerda:
Málaga arada por la muerte
y perseguida entre los precipicios
hasta que las enloquecidas madres
azotaban la piedra con sus recién nacidos.

Furor, vuelo de luto
y muerte y cólera,
hasta que ya las lágrimas y el duelo reunidos,
hasta que las palabras y el desmayo y la ira
no son sino un montón de huesos en un camino
y una piedra enterrada por el polvo.

senhoras de confortável chá e pronúncia:
um prato destroçado, transbordado, sujo de sangue pobre,
para cada manhã, para cada semana, para jamais,
um prato de sangue da Almería, diante de vós, sempre.

Terras ofendidas

Regiões submersas
no interminável martírio, pelo inalcançável
silêncio, pulsos
de abelha e rocha exterminada,
terra que em vez de trigo e trevo
trazeis sinal de sangue seco e crime:
caudalosa Galícia, pura como a chuva,
salgada para sempre pelas lágrimas:
Estremadura, em cuja margem augusta
de céu e alumínio, como um buraco
de bala, traído e ferido e destroçado,
Badajoz sem memória, entre seus filhos mortos
olhando para um céu que só recorda:
Málaga arada pela morte,
perseguida por entre os precipícios
até que tuas enlouquecidas mães
açoitassem a pedra com recém-nascidos.

Furor, vôo de luto
e morte e cólera,
até que as lágrimas e a dor reunidas,
até que a palavra e o desmaio de ira
sejam só um monte de ossos no caminho
e uma pedra enterrada pelo pó.

Es tanto, tanta
tumba, tanto martirio, tanto
galope de bestias en la estrella!
Nada, ni la victoria
borrará el agujero terrible de la sangre:
nada, ni el mar, ni el paso
de arena y tiempo, ni el geranio ardiendo
sobre la sepultura.

Sanjurjo en los
Infiernos

Amarrado, humeante, acordelado
a su traidor avión, a sus traiciones,
se quema el traidor traicionado.

Como fósforo queman sus riñones
y su siniestra boca de soldado
traidor se derrite en maldiciones,

por las eternas llamas piloteado,
conducido y quemado por aviones,
de traición en traición quemado.

Mola en los
Infiernos

Es arrastrado el turbio mulo Mola
de precipicio en precipicio eterno
y como va el naufragio de ola en ola,

É tanto, tanta
tumba, tanto martírio, tanto
galope de bestas na estrela!
Nada, nem a vitória
borrará o vazio terrível do sangue:
nada, nem o mar, nem o passo
de areia e tempo, nem o gerânio ardendo
sobre a sepultura.

Sanjurjo nos
Infernos

Amarrado, fumegante, garroteado
a seu traidor avião, às suas traições,
queima-se o traidor e seu agora traído.

Como fósforo queimam os seus rins
e sua sinistra boca de soldado
traidor se derrete em maldições,

pelas eternas chamas pilotado,
conduzido e queimado por aviões,
de traição em traição sendo queimados

Mola nos
Infernos

Vai arrastado o turvo mulo Mola
de precipício em precipício eterno
como o naufrágio que na onda se amola,

desbaratado por azufre y cuerno,
cocido en cal y hiel y disimulo,
de antemano esperado en el infierno,

va el infernal mulato, el Mola mulo
definitivamente turbio y tierno,
con llamas en la cola y en el culo.

El General Franco
en los Infiernos

Desventurado, ni el fuego ni el vinagre caliente
en un nido de brujas volcánicas, ni el hielo devorante,
ni la tortuga pútrida que ladrando y llorando con
voz de mujer muerta te escarbe la barriga
buscando una sortija nupcial y un juguete de niño
degollado,
serán para ti nada sino una puerta oscura,
arrasada.

En efecto.
De infierno a infierno, qué hay? En el aullido
de tus legiones, en la santa leche
de las madres de España, en la leche y los senos pisoteados
por los caminos, hay una aldea más, un silencio más,
una puerta rota.

Aquí estás. Triste párpado, estiércol
de siniestras gallinas de sepulcro, pesado esputo, cifra
de traición que la sangre no borra. Quién, quién eres,

desbaratado pelo enxofre, corno,
cozido em cal e fel e dissímulo,
de antemão com vaga no inferno, o forno,

vai o infernal mulato, o Mola mulo,
definitivamente turvo e terno,
e com fogo no seu rabo até o túmulo.

O General Franco
nos Infernos

Desventurado, nem o fogo nem o vinagre fervente
num ninho de bruxas vulcânicas, nem o gelo devorante,
nem a tartaruga pútrida que ladrando e chorando
com voz de mulher morta te esburaque a barriga
buscando um anel nupcial e um brinquedo de criança
degolada,
serão nada para ti, só uma porta escura,
arrasada.

É bem certo.
De inferno a inferno, o que existe? Neste uivar
de tuas legiões e no santo leite
das mães espanholas, no leite e nos seios pisoteados
pelos caminhos, tem uma aldeia mais, um silêncio mais,
uma porta rota.

Aqui estás. Triste pálpebra, esterco
de sinistras galinhas de sepulcro, pesado cuspe, cifra
de traição que o sangue não apaga. Quem, quem és,

oh miserable hoja de sal, oh perro de la tierra,
oh mal nacida palidez de sombra.

Retrocede la llama sin ceniza,
la sed salina del infierno, los círculos
del dolor palidecen.

Maldito, que sólo lo humano
te persiga, que dentro del absoluto fuego de las cosas,
no te consumas, que no te pierdas
en la escala del tiempo, y que no te taladre el vidrio
ardiendo ni la feroz espuma.

Solo, solo, para las lágrimas
todas reunidas, para una eternidad de manos muertas
y ojos podridos, solo en una cueva
de tu infierno, comiendo silenciosa pus y sangre
por una eternidad maldita y sola.
No mereces dormir
aunque sea clavados de alfileres los ojos: debes estar
despierto, General, despierto eternamente
entre la podredumbre de las recién paridas,
ametralladas en Otoño. Todas, todos los tristes niños
descuartizados,
tiesos, están colgados, esperando en tu infierno
ese día de fiesta fría: tu llegada.
Niños negros por la explosión,
trozos rojos de seso, corredores
de dulces intestinos, te esperan todos, todos, en la misma
actitud

ó miserável folha de sal, oh cão da terra,
ó malnascida palidez de sombra.

Retrocede a chama sem cinza,
a sede salina do inferno, os círculos
de dor empalidecem.

Maldito, que só te persiga
o humano, que dentro do absoluto fogo das coisas,
não te acabes, que não te percas
na escala do tempo, e que não te verrume o vidro ardente
nem a feroz espuma.

Só, só, para as lágrimas
todas reunidas, para a eternidade de mãos mortas
e olhos podres, só numa sepultura
do teu inferno, comendo pus silencioso e sangue
por uma eternidade maldita e só.
Não mereces dormir
embora espetem os olhos com alfinetes: deves estar
desperto, General, desperto eternamente
no meio da podridão das recém-paridas,
metralhadas no Outono. Todas, todos os tristes meninos
esquartejados,
tesos, estão pendurados esperando no teu inferno
este dia de festa fria: tua chegada.
Crianças negras pela explosão,
os pedaços vermelhos de miolos, corredores
de doces intestinos, te esperam todos, todos, na mesma
atitude

de atravesar la calle, de patear la pelota,
de tragar una fruta, de sonreír o nacer.

Sonreír. Hay sonrisas
ya demolidas por la sangre
que esperan con dispersos dientes exterminados
y máscaras de confusa materia, rostros huecos
de pólvora perpetua, y los fantasmas
sin nombre, los oscuros
escondidos, los que nunca salieron
de su cama de escombros. Todos te esperan
para pasar la noche. Llenan los corredores
como algas corrompidas.

Son nuestros, fueron nuestra
carne, nuestra salud, nuestra
paz de herrerías, nuestro océano
de aire y pulmones. A través de ellos
las secas tierras florecían. Ahora, más allá de la tierra,
hechos substancia
destruida, materia asesinada, harina muerta,
te esperam en tu infierno.

Como el agudo espanto o el dolor se consumen,
ni espanto ni dolor te aguardan. Solo y maldito seas,
solo y despierto seas entre todos los muertos,
y que la sangre caiga en ti como la lluvia,
y que un agonizante río de ojos cortados
te resbale y recorra mirándote sin término.

de atravessar a rua e de chutar a bola,
de comer uma fruta, de sorrir ou nascer.

Sorrir. Existem risos
já destroçados pelo sangue
que esperam com dispersos dentes de extermínio
e máscaras de confusa matéria e rostos ocos
de pólvora perpétua, e os fantasmas
sem nome, e os obscuros
escondidos, os que nunca saíram
de sua cama de escombros. Todos te esperam
para passar a noite. Enchem os corredores
com algas corrompidas.

                                        São nossos, foram nossa
carne, nossa saúde, nossa
paz de ferrarias, nosso oceano
de ar e pulmões. Através deles
as terras secas floresciam. Agora, mais além da terra,
feitos substância
destruída, matéria assassinada, farinha morta,
te esperam em teu inferno.

Como o agudo espanto ou a dor se consomem,
nem espanto nem dor te aguardam. Só e maldito sejas,
só e desperto estejas com todos os mortos,
que o sangue caia sobre ti como uma chuva,
e que um agonizante rio de olhos cortados
resvale e te percorra olhando-te para sempre.

Cantos sobre
unas ruinas

Esto que fue creado y dominado,
esto que fue humedecido, usado, visto,
yace – pobre pañuelo – entre las olas
de tierra y negro azufre.
Como el botón o el pecho
se levantan al cielo, como la flor que sube
desde el hueso destruido, así las formas
del mundo aparecieron. Oh párpados,
oh columnas, oh escalas.
Oh profundas materias
agregadas y puras: cuánto hasta ser campanas!
cuánto hasta ser relojes! Aluminio
de azules proporciones, cemento
pegado al sueño de los seres!
El polvo se congrega,
la goma el lodo, los objetos crecen
y las paredes se levantan
como parras de oscura piel humana.
Allí dentro en blanco, en cobre,
en fuego, en abandono, los papeles crecían,
el llanto abominable, las prescripciones
llevadas en la noche a la farmacia mientras
alguien con fiebre,
la seca sien mental, la puerta
que el hombre ha construido
para no abrir jamás.
Todo ha ido y caído
brutalmente marchito.

Canto sobre
umas ruínas

Isto que foi criado e dominado,
isto que foi umedecido, gasto, visto,
e jacente – pobre lenço – entre as ondas
de terra e negro enxofre.
Como o botão e o peito
levantam-se ao céu, como a flor que sobe
desde o osso destruído, assim as formas
do mundo apareceram. Ó pálpebras,
ó colunas, oh escadas.
Ó profundas matérias
agregadas e puras: quanto até ser sinos!
quanto para ser relógio! Alumínio
de proporções azuis e de cimento
ainda preso ao sonho dos seres!
O pó se congrega,
a borracha, o lodo, os objetos crescem
e as paredes são levantadas,
são parreiras de escura pele humana.
Ali dentro em branco, em cobre,
em fogo, em abandono, os papéis cresciam,
o pranto abominável, as prescrições
levadas pela noite até a farmácia enquanto
alguém com febre,
a seca fonte mental, porta
que o homem construiu
para não abrir jamais.
Tudo foi e caiu
brutalmente destruído.

Utensilios heridos, telas
nocturnas, espuma sucia, orines justamente
vertidos, mejillas, vidrio, lana,
alcanfor, círculos de hilo y cuero, todo,
todo por una rueda vuelto al polvo,
al desorganizado sueño de los metales,
todo el perfume, todo lo fascinado,
todo reunido en nada, todo caído
para no nacer nunca.

Sed celeste, palomas
con cintura de harina: épocas
de polen y racimo, ved cómo
la madera se destroza
hasta llegar al luto: no hay raíces
para el hombre: todo descansa apenas
sobre un temblor de lluvia.
Ved cómo se ha podrido
la guitarra en la boca de la fragante novia:
ved cómo las palabras que tanto construyeron,
ahora son exterminio: mirad sobre la cal y entre el
mármol deshecho
la huella – ya con musgos – del sollozo.

La victoria de las
armas del pueblo

Mas, como el recuerdo de la tierra, como el pétreo
esplendor del metal y el silencio,
pueblo, patria y avena, es tu victoria.

Utensílios feridos, tela
noturna, espuma suja, urinas justamente
vertidas, bochechas, vidros, lãs,
cânfora, círculos de fio e de couro, tudo,
tudo por uma roda torna ao pó,
ao desorganizado sonho dos metais,
todo o perfume, todo o fascinado,
tudo reunido em nada, tudo caído
para não nascer nunca.

Sejam celestes, pombas
com cintura de farinha: épocas
de pólen, claro ramo, vejam como
a madeira se destroça
até chegar ao luto: não há raízes
para o homem: tudo descansa apenas
sobre um tremor de chuva.
Vejam como apodreceu
a guitarra na boca da fragante noiva:
vejam como as palavras que tanto construíram,
agora são extermínio: olhem sobre a cal e entre o
mármore desfeito
a marca – já com musgos – do soluço.

A vitória das
armas do povo

Mas, como a recordação da terra, como o pétreo
esplendor do metal e do silêncio,
povo, pátria e aveia, é a tua vitória.

Avanza tu bandera agujereada
como tu pecho sobre las cicatrices
de tiempo y tierra.

Los gremios en
el frente

Dónde están los mineros, dónde están
los que hacen el cordel, los que maduran
la suela, los que mandan la red?
Dónde están?

Dónde lo que cantaban en lo alto
del edificio, escupiendo y jurando
sobre el cemento aéreo?

Dónde están los ferroviarios
voluntariosos y nocturnos?
Dónde está el gremio del abasto?

Con un fusil, con un fusil. Entre los
pardos latidos de la llanura,
mirando sobre los escombros.

Dirigiendo la bala al duro
enemigo como a las espinas,
como a las víboras, así.

De día y noche, en la ceniza
triste del alba, en la virtud
del mediodía calcinado.

Avança a tua bandeira esburacada
como o teu peito sobre as cicatrizes
de tempo e terra.

Os sindicatos na
frente

Onde estão os mineiros, onde estão
os que fazem a corda, os que maturam
solas, e os que mandam a rude rede?
Onde estão?

Onde estão os que cantavam lá no alto
do edifício, cuspindo mas jurando
sobre o cimento aéreo?

Onde estão os ferroviários
voluntariosos e noturnos?
E o sindicato que abastece?

Com um fuzil, com um fuzil entre os
escuros barulhos da planície,
olhando sobre os escombros.

Dirigindo sua bala ao duro
inimigo como aos espinhos,
como para as víboras, assim.

De dia e de noite na cinza
mais triste da alba e na virtude
do meio-dia já calcinado.

Triunfo

Solemne es el triunfo del pueblo.
A su paso de gran victoria
la ciega patata y la uva
celeste brillan en la tierra.

Paisaje después
de una batalla

Mordido espacio, tropa restregada
contra los cereales, herraduras
rotas, heladas entre escarcha y piedras,
áspera luna.

Luna de yegua herida, calcinada,
envuelta en agotadas espinas, amenazante, hundido
metal o hueso, ausencia, paño amargo,
humo de enterradores.

Detrás del agrio nimbo de nitratos,
de substancia en substancia, de agua en agua,
rápidos como trigo desgranado,
quemados y comidos.

Casual corteza suavemente suave,
negra ceniza ausente y esparcida,
ahora sólo frío sonoro, abominables
materiales de lluvia.

Guárdenlo mis rodillas enterrado
más que este fugitivo territorio,

Triunfo

Solene é o triunfo do povo.
No passo de grande vitória
a cega batata e a celeste uva
vão brilhando por toda a terra.

Paisagem depois de uma batalha

Mordido espaço, tropa esfregada
contra os cereais, ferraduras
rotas, geladas entre neve e pedras,
áspera lua.

Lua de égua ferida, calcinada,
envolta em esgotadas espinhas, ameaçadora, metal
fundido ou osso, ausência, pano amargo,
fumaça de coveiros.

Por trás dos acres nimbos de nitratos,
de substância em substância, de água em água,
rápidos como trigo debulhado,
queimados e comidos.

Casual casca a mais suavemente suave,
negra cinza ausente sendo espargida,
agora o frio sonoro e abomináveis
materiais de chuva.

Guardem-no meus joelhos enterrado
mais do que o fugitivo território,

agárrenlo mis párpados hasta nombrar y herir,
guarde mi sangre este sabor de sombra
para que no haya olvido.

Antitanquistas

Ramos todos de clásico nácar, aureolas
de mar y cielo, viento de laureles
para vosotros, encinares héroes,
antitanquistas.
Habéis sido en la nocturna boca
de la guerra
los ángeles del fuego, los temibles,
los hijos puros de la tierra.

Así estabais, sembrados
en los campos, oscuros, como siembra, tendidos
esperando. Y ante el huracanado hierro, en el pecho
del monstruo
habéis lanzado, no sólo un trozo pálido de explosivo,
sino vuestro profundo corazón humeante,
látigo destructivo y azul como la pólvora.
Os habéis levantado,
finos celestes contra las montañas
de la crueldad, hijos desnudos
de la tierra y la gloria.
Vosotros nunca visteis
antes sino la oliva, nunca sino las redes
llenas de escama y plata: vosotros agrupasteis
los instrumentos, la madera, el hierro

agarrem-no minhas pálpebras até nomear e ferir,
guarde meu sangue este sabor de sombra
para que nunca esqueçam.

Antitanquistas

Ramos todos de clássico nácar, auréolas
de mar e céu, um vento de loureiros
para vocês, heróis de forte carvalho,
antitanquistas.
Foram na noturna boca
da guerra
os anjos do fogo, os mais temíveis,
os filhos puros da terra.

Assim estavam vocês, semeados
nos campos escuros como sementes estendidas,
esperando. E diante do furacão de ferro, no peito do
monstro
lançaram, não só um pedaço pálido de explosivo,
também o profundo coração fumegante,
látego destrutivo e azul como a pólvora.
Vocês os levantaram,
leves e celestes contra as montanhas
da crueldade, filhos desnudos
da terra e da glória.
Vocês nunca viram
antes senão a oliveira, senão as redes
cheias de escama e prata: vocês agruparam
os instrumentos, a madeira e o ferro

de las cosechas y de las construcciones:
en vuestras manos floreció la bella
granada forestal o la cebolla
matutina, y de pronto
estáis aquí cargados con relámpagos
apretando la gloria, estallando
de poderes furiosos,
solos y duros frente a las tinieblas.

La Libertad os recogió en las minas,
y pidió paz para vuestros arados:
la Libertad se levantó llorando
por los caminos, gritó en los corredores
de las casas: en las campiñas
su voz pasaba entre naranja y viento
llamando hombres de pecho maduro, y acudisteis,
y aquí estáis, preferidos
hijos de la victoria, muchas veces caídos, muchas veces
borradas vuestras manos, rotos los más ocultos
cartílagos, calladas
vuestras bocas, machacado
hasta la destrucción vuestro silencio:
pero surgís de pronto, en medio
del torbellino, otra vez, otros, toda
vuestra insondable, vuestra quemadora
raza de corazones y raíces.

das colheitas e destas construções:
foi nas suas mãos que floresceu a bela
romã florestal, réstia de cebolas
matutinas, e logo
vocês estão aqui com a carga de relâmpagos
estreitando a glória, estalando
de poderes furiosos,
solitários e duros frente às trevas.

A Liberdade os recolheu nas minas,
e pediu paz para os seus arados:
a Liberdade levantou chorando
nos caminhos, gritou nos corredores
das casas e pelas campinas
sua voz passava entre laranja e vento
chamando homens de peito maduro, e vocês acudiram,
e aqui estão os preferidos
filhos da vitória, muitas vezes caídos, muitas vezes
apagadas suas mãos, rotas as mais ocultas cartilagens,
        caladas
suas bocas, pisado
até à destruição o seu silêncio:
mas vocês surgem rápidos, em meio
ao torvelinho, outra vez, outros, toda
sua insondável, sua queimadora
raça de corações e raízes.

Madrid 1937

En esta hora recuerdo a todo y todos,
fibradamente, hundidamente en
las regiones que – sonido y pluma –
golpeando un poco, existen
más allá de la tierra, pero en la tierra. Hoy
comienza un nuevo invierno.
No hay en esa ciudad,
en donde está lo que amo,
no hay pan ni luz: un cristal frío cae
sobre secos geranios. De noche sueño negros
abiertos por obuses, como sangrientos bueyes:
nadie en el alba de las fortificaciones,
sino un carro quebrado: ya musgo, ya silencio de edades
en vez de golondrinas en las casas quemadas,
desangradas, vacías, con puertas hacia el cielo:
ya comienza el mercado a abrir sus pobres esmeraldas,
y las naranjas, el pescado,
cada día atraídos a través de la sangre,
se ofrecen a las manos de la hermana y la viuda.
Ciudad de luto, socavada, herida,
rota, golpeada, agujereada, llena
de sangre y vidrios rotos, ciudad sin noche, toda
noche y silencio y estampido y héroes,
ahora un nuevo invierno más desnudo y más solo,
ahora sin harina, sin pasos, con tu luna
de soldados.
A todos, a todos.

Madri, 1937

Nesta hora recordo tudo e todos,
intensamente, imerso nas
regiões que – som e pluma –
golpeando um pouco existem
mais além da terra, mas na terra. Hoje
começa um novo inverno.
Não há nesta cidade,
onde está o que eu amo,
não há pão nem luz: um cristal frio cai
sobre secos gerânios. De noite sonhos negros
abertos por obuses, como bois sangrentos:
nada na alba das fortificações,
apenas um carro quebrado: musgo, já silêncio de idades
em vez de andorinhas nas casas queimadas,
dessangradas, vazias, com portas até o céu:
começa o mercado a abrir as pobres esmeraldas,
e as laranjas, o pescado,
cada dia atraídos através do sangue,
se oferecem às mãos da irmã e da viúva.
Cidade em luto, escavada, ferida,
rota, golpeada, esburacada, cheia
de sangue e vidros partidos, cidade sem noite, toda
noite e silêncio e estampido e heróis,
agora um novo inverno mais nu e mais só,
agora sem farinha, sem passos, com lua
de soldados.
A tudo, a todos.

Sol pobre, sangre nuestra
perdida, corazón terrible
sacudido y llorando. Lágrimas como pesadas balas
han caído en tu oscura tierra haciendo sonido
de palomas que caen, mano que cierra
la muerte para siempre, sangre de cada día
y cada noche y cada semana y cada
mes. Sin hablar de vosotros, héroes dormidos
y despiertos, sin hablar de vosotros que hacéis temblar el agu
y la tierra con vuestra voluntad insigne,
en esta hora escucho el tiempo en una calle,
alguien me habla, el invierno
llega de nuevo a los hoteles
en que he vivido,
todo es ciudad lo que escucho y distancia
rodeada por el fuego como por una espuma
de víboras, asaltada por una
agua de infierno.
Hace ya más de um año
que los enmascarados tocan tu humana orilla
y mueren al contacto de tu eléctrica sangre:
sacos de moros, sacos de traidores,
han rodado a tus pies de piedra: ni el humo ni la muert
han conquistado tus muros ardiendo.
Entonces,
qué hay, entonces? Sí, son los del exterminio,
son los devoradores: te acechan, ciudad blanca,
el obispo de turbio testuz, los señoritos
fecales e feudales, el general en cuya mano
suenan treinta dineros: están contra tus muros

Sol pobre, sangue nosso
perdido, coração terrível
sacudido e chorando. Lágrimas como balas pesadas
caíram na tua escura terra fazendo barulho
de pombas que caem, e de mão que fecha
a morte para sempre, sangue em cada dia,
cada noite e cada semana e cada mês.
Sem falar de vocês, heróis adormecidos
e despertos, sem falar de vocês que fazem tremer a água
e a terra com a sua vontade insigne,
nesta hora escuto o tempo numa rua,
alguém me fala, o inverno
chega de novo aos hotéis
em que eu já vivi,
tudo é cidade o que escuto e distância
rodeada pelo fogo como pela espuma
de víboras, assaltada por uma
água de inferno.
Já faz mais de um ano
que os mascarados tocam a tua humana margem
e morrem ao contato de teu sangue elétrico:
sacos de mouros, sacos de traidores,
rodaram aos teus pés de pedra: nem a fumaça, nem a morte
conquistaram os teus muros ardentes.
Então,
o que há, então? Sim, são os do extermínio,
são os devoradores: te espreitam, cidade branca,
o bispo de turva testa, e os senhorios
fecais e feudais, o general cuja mão
tilinta trinta dinheiros: estão contra os muros

un cinturón de lluviosas beatas,
un escuadrón de embajadores pútridos
y un triste hipo de perros militares.

Loor a ti, loor en nube, en rayo,
en salud, en espadas,
frente sangrante cuyo hilo de sangre
reverbera en las piedras malheridas,
deslizamiento de dulzura dura,
clara cuna en relámpagos armada,
material ciudadela, aire de sangre
del que nacen abejas.
Hoy tú que vives, Juan,
hoy tú que miras, Pedro, concibes, duermes, comes:
hoy en la noche sin luz vigilando sin sueño y sin reposo,
solos en el cemento, por la tierra cortada,
desde los enlutados alambres, al Sur, en medio, en torno,
sin cielo, sin misterio,
hombres como un collar de cordones defienden
la ciudad rodeada por las llamas: Madrid endurecida
por golpe astral, por conmoción del fuego:
tierra y vigilia en el alto silencio
de la victoria: sacudida
como una rosa rota: rodeada
de laurel infinito!

um cinturão de pluviosas beatas,
um esquadrão de embaixadores pútridos
e um triste soluço de cães militares.

Louvor a ti, louvor em nuvem, em raio,
em saúde, em espadas,
frente sangrenta cujo fio de sangue
reverbera nas pedras malferidas,
deslizamento de doçura dura,
claro berço em relâmpagos armado,
material cidadela, ar de sangue
de que nascem abelhas.
Hoje tu que vives, Juan,
hoje tu que olhas, Pedro, concebes, dormes, comes:
hoje na noite sem luz, vigiando sem sono e sem repouso,
sozinhos no cimento, e na terra cortada,
desde os enlutados arames, ao Sul, no meio, em torno,
sem céu e sem mistério,
homens como um colar de cordões defendem
a cidade cercada pelas chamas: Madri endurecida
por golpe astral, por comoção de fogo:
terra e vigília no alto silêncio
desta vitória: sacudida
como uma rosa rota: rodeada
de louro infinito!

Oda solar al Ejército
del Pueblo

Armas del pueblo! Aquí! La amenaza, el asedio
aún derraman la tierra mezclándola de muerte,
áspera de aguijones!
                                        Salud, salud,
salud te dicen las madres del mundo,
las escuelas te dicen salud, los viejos carpinteros,
Ejército del Pueblo, te dicen salud, con las espigas,
la leche, las patatas, el limón, el laurel,
todo lo que es de la tierra y de la boca
del hombre.
                        Todo, como un collar
de manos, como una
cintura palpitante, como una obstinación de relámpagos
todo a ti se prepara, todo hacia ti converge!
                                                                Día de hierro,
azul fortificado!
                                Hermanos, adelante,
adelante por las tierras aradas,
adelante en la noche seca y sin sueño, delirante y raída
adelante entre vides, pisando el color frío de las rocas
salud, salud, seguid. Más cortantes que la voz del
        invierno,
más sensibles que el párpado, más seguros que la
        punta del trueno,
puntuales como el rápido diamante, nuevamente
        marciales,
guerreros según el agua acerada de las tierras del centro

Ode solar ao Exército
do Povo

Armas do povo! Aqui! A ameaça, o assédio
ainda derramam terra mesclada de morte,
áspera de aguilhões!
                    Saúde, saúde,
saúde te dizem as mães do mundo,
as escolas te dizem saúde, os velhos carpinteiros,
Exército do Povo, te dizem saúde com as espigas,
o leite, as batatas, o limão e o loureiro,
tudo o que é da terra e da boca
do homem.
            Tudo, como um colar
de mãos, como uma
cintura palpitante, numa obstinação de relâmpagos,
tudo se prepara e converge para ti!
                                    Dia de ferro,
azul fortificado!
                  Irmãos, adiante,
adiante pelas terras aradas,
adiante pela noite seca e sem sono, delirante e gasta,
adiante entre vides, pisando a cor fria das rochas,
saúde, saúde, sigam. Mais cortantes que a voz do
      inverno,
mais sensíveis que a pálpebra, mais firmes que a ponta
      do trovão,
pontuais como o rápido diamante, novamente
      marciais,
guerreiros segundo a água de aço das terras do centro,

según la flor y el vino, según el corazón espiral de la tierra,
según las raíces de todas las hojas, de todas las
mercaderías fragantes de la tierra.
Salud, soldados, salud, barbechos rojos,
salud, tréboles duros, salud, pueblos parados
en la luz del relámpago, salud, salud, salud,
adelante, adelante, adelante, adelante,
sobre las minas, sobre los cementerios, frente al
abominable
apetito de muerte, frente al erizado
terror de los traidores,
pueblo, pueblo eficaz, corazón y fusiles,
corazón y fusiles, adelante.
Fotógrafos, mineros, ferroviarios, hermanos
del carbón y la piedra, parientes del martillo,
bosque, fiesta de alegres disparos, adelante,
guerrilleros, mayores, sargentos, comisarios políticos,
aviadores del pueblo, combatientes nocturnos,
combatientes marinos, adelante:
frente a vosotros
no hay más que una mortal cadena, un agujero
de podridos pescados: adelante!
no hay allí sino muertos moribundos,
pantanos de terrible pus sangrienta,
no hay enemigos; adelante, España,
adelante, campanas populares,
adelante, regiones de manzana,
adelante, estandartes cereales,
adelante, mayúsculos del fuego,
porque en la lucha, en la ola, en la pradera,

segundo a flor e o vinho, segundo o coração espiral da terra,
segundo as raízes de todas as folhas, de todas as
mercadorias fragrantes da terra.
Saúde, soldados, saúde, barbas ruivas,
saúde, trevos duros, saúde, povos detidos
na luz do relâmpago, saúde, saúde, saúde,
adiante, adiante, adiante, adiante,
sobre as minas, sobre os cemitérios, frente ao
abominável
apetite de morte, frente ao eriçado
terror dos traidores,
povo, povo eficaz com coração e fuzis,
com seu coração e fuzis, adiante.
Fotógrafos, mineiros, ferroviários, irmãos
do carvão e da pedra, parentes do martelo,
bosque, festa de alegres disparos, adiante,
guerrilheiros, chefes, sargentos, comissários políticos,
aviadores do povo, combatentes noturnos,
combatentes marítimos, adiante:
diante de vocês
não há mais do que uma mortal cadeia, buraco
de pescados mais podres: sempre adiante!
não há ali senão mortos, moribundos,
pântanos de terrível pus sangrento,
não há inimigos; para frente, Espanha,
adiante, sinos populares,
adiante, regiões de maçãs,
adiante, estandartes cereais,
adiante, gigantes do fogo,
porque na luta, na onda e na pradaria,

en la montaña, en el crepúsculo cargado de acre aroma,
lleváis un nacimiento de permanencia, un hilo
de difícil dureza.
                    Mientras tanto,
raíz y guirnalda sube del silencio
para esperar la mineral victoria:
cada instrumento, cada rueda roja,
cada mango de sierra o penacho de arado,
cada extracción del suelo, cada temblor de sangre
quiere seguir tus pasos, Ejército del Pueblo:
tu luz organizada llega a los pobres hombres
olvidados, tu definida estrella
clava sus roncos rayos en la muerte
y establece los nuevos ojos de la esperanza.

na montanha, no crepúsculo carregado de acre aroma,
levam um nascimento de permanência,
fio de difícil dureza.
Enquanto isso,
raiz e grinalda sobem do silêncio
para esperar a mineral vitória:
cada instrumento, cada roda rubra,
cada cabo de serra ou roda de arado,
cada extração do solo, cada sangue em tremor
quer seguir teus passos, Exército do Povo:
tua luz organizada chega aos pobres homens
esquecidos, tua definida estrela
crava seus roucos raios contra a morte
e estabelece novos olhos de esperança.

V

CANTO A STALINGRADO

En la noche el labriego duerme, despierta y hunde
su mano en las tinieblas preguntando a la aurora:
alba, sol de mañana, luz del día que viene,
dime si aún las manos más puras de los hombres
defienden el castillo del honor, dime aurora,
si el acero en tu frente rompe su poderío,
si el hombre está en su sitio, si el trueno está en su sitio,
dime, dice el labriego, si no escucha la tierra
cómo cae la sangre de los enrojecidos
héroes, en la grandeza de la noche terrestre,
dime si sobre el árbol todavía está el cielo,
dime si aún la pólvora suena en Stalingrado.

Y el marinero en medio del mar terrible mira
buscando entre las húmedas constelaciones
una, la roja estrella de la ciudad ardiente,
y halla en su corazón esa estrella que quema,
esa estrella de orgullo quieren tocar sus manos,
esa estrella de llanto la construyen sus ojos.

Ciudad, estrella roja, dicen el mar y el hombre,
ciudad, cierra tus rayos, cierra tus puertas duras,
cierra, ciudad, tu ilustre laurel ensangrentado,
y que la noche tiemble con el brillo sombrío
de tus ojos detrás de un planeta de espadas.

Y el español recuerda Madrid y dice: hermana,
resiste, capital de la gloria, resiste:

CANTO A STALINGRADO

Dentro da noite o lavrador dorme, desperta e afunda
sua mão na treva perguntando à aurora:
alba, sol da manhã, luz do dia que vem,
diga-me se ainda as mãos mais puras destes homens
defendem o castelo da honra, diga, aurora,
se o aço em tua frente rompe o poderio,
se o homem está no seu lugar, se o trovão também,
diga, disse o lavrador, se a terra não escuta
como é a queda do sangue dos que são rubros
heróis, bem dentro da grande noite terrestre,
diga-me se sobre a árvore ainda está o céu,
diga-me se ainda há pólvora em Stalingrado.

E o marinheiro em meio ao mar terrível olha
e vai buscando entre as úmidas constelações
uma, a estrela vermelha da cidade ardente,
e encontra em seu coração essa estrela que queima,
essa estrela orgulhosa suas mãos querem tocar,
essa estrela de pranto que constroem seus olhos.

Cidade, estrela vermelha, dizem mar e homem,
cidade, fecha os limites, fecha as portas duras,
fecha, cidade, o ilustre louro ensangüentado,
e que a noite estremeça com o brilho sombrio
de teus olhos atrás de um planeta de espadas.

E o espanhol lembra de Madri e diz: irmã,
resiste, capital da glória, bem resiste:

del suelo se alza toda la sangre derramada
de España, y por España se levanta de nuevo,
y el español pregunta junto al muro
de los fusilamientos, si Stalingrado vive:
y hay en la cárcel una cadena de ojos negros
que horadan las paredes con tu nombre,
y España se sacude com tu sangre y tus muertos,
porque tú le tendiste, Stalingrado, el alma
cuando España paría héroes como los tuyos.

Ella conoce la soledad, España,
como hoy, Stalingrado, tú conoces la tuya.
España desgarró la tierra com sus uñas
cuando París estaba más bonita que nunca,
España desangraba su inmenso árbol de sangre
cuando Londres peinaba, como nos cuenta Pedro
Garfias, su césped y sus lagos de cisnes.

Hoy ya conoces eso, recia virgen
hoy ya conoces, Rusia, la soledad y el frío.
Cuando miles de obuses tu corazón destrozan,
cuando los escorpiones con crimen y veneno,
Stalingrado, acuden a morder tus entrañas,
Nueva York baila, Londres medita, y yo digo "merde",
porque mi corazón no puede más y nuestros
corazones
no pueden más, no pueden
en un mundo que deja morir solos sus héroes.

Los dejáis solos? Ya vendrán por vosotros!
Los dejáis solos?

do solo se levanta o sangue derramado
da Espanha, e pela Espanha levanta de novo,
e um espanhol pergunta junto ao muro
dos fuzilamentos, se Stalingrado vive:
existe na prisão uma cadeia de olhos negros
que perfuram as paredes com o teu nome,
e a Espanha é sacudida com teu sangue e mortos,
porque tu estendeste, Stalingrado, a tua alma
quando a Espanha paria heróis iguais aos teus.

Ela conhece a solidão, a Espanha,
como hoje, Stalingrado, conheces a tua.
A Espanha rasgou a terra com as unhas
quando Paris estava tão bonita,
A Espanha sangrava a imensa árvore de sangue
quando Londres penteava, como conta Pedro
Garfias, seus gramados e lagos de cisnes.

Hoje conheces isso, forte virgem,
hoje conheces, Rússia, a solidão e o frio.
E milhares de obuses destroem teu coração,
quando os escorpiões com crime e veneno,
Stalingrado, acorrem a morder tuas entranhas,
Nova York dança, Londres pensa, e eu digo "merde",
porque meu coração não pode mais e nossos
corações
não podem mais, não podem
num mundo que deixa morrer seus heróis.

Vão deixá-los sozinhos? Virão por vocês!
Vão deixá-los sozinhos?

Queréis que la vida
huya a la tumba, y la sonrisa de los hombres
sea borrada por la letrina y el calvario?
Por qué no respondéis?

Queréis más muertos en el frente del Este
hasta que llenen totalmente el cielo vuestro?
Pero entonces no os va a quedar sino el infierno.
El mundo está cansándose de pequeñas hazañas,
de que en Madagascar los generales
maten com heroísmo cincuenta y cinco monos.

El mundo está cansado de otoñales reuniones
presididas aún por um paraguas.

Ciudad, Stalingrado, no podemos
llegar a tus murallas, estamos lejos.
Somos los mexicanos, somos los araucanos,
somos los patagones, somos los guaraníes,
somos los uruguayos, somos los chilenos,
somos millones de hombres.
Ya tenemos por suerte deudos en la familia,
pero aún no llegamos a defenderte, madre.
Ciudad, ciudad de fuego, resiste hasta que un día
lleguemos, indios náufragos, a tocar tus murallas
con un beso de hijos que esperaban llegar.

Stalingrado, aún no hay Segundo Frente,
pero no caerás aunque el hierro y el fuego
te muerdan día y noche.

E querreis que a vida

fuja para a tumba, e que o sorriso dos homens
seja apagado pela latrina e o calvário?
Por que vocês não respondem?

Querem mais mortes na frente do Leste
até que encham totalmente o céu de vocês?
Mas então não vai ficar senão o inferno.
O mundo cansou dessas pequenas façanhas,
de que em Madagascar os generais
matem heroicamente cinqüenta e cinco macacos.

O mundo está cansado de reuniões de outono
presididas ainda por guarda-chuvas.

Cidade, Stalingrado, não podemos
chegar à tua muralha, estamos longe.
Somos mexicanos, somos araucanos,
somos patagões, somos guaranis,
somos uruguaios, somos chilenos,
somos milhões de homens.
Já temos, por sorte, parentes na família,
mas não chegamos ainda a defender-te, mãe.
Cidade, cidade em fogo, resista até
chegarmos, índios náufragos, às tuas muralhas
com um beijo de filhos que esperavam chegar.

Stalingrado, não há ainda Segunda Frente,
mas não cairás, embora o ferro e o fogo
te mordam de dia e de noite.

Aunque mueras, no mueres!

Porque los hombres ya no tienen muerte
y tienen que seguir luchando desde el sitio en que caen
hasta que la victoria no esté sino en tus manos
aunque estén fatigadas y horadadas y muertas,
porque otras manos rojas, cuando las vuestras caigan,
sembrarán por el mundo los huesos de tus héroes
para que tu semilla llene toda la tierra.

Embora tu morras, não morres!

Porque esses homens já não têm a morte
e têm de seguir lutando desde o lugar em que caem
até que a vitória só esteja nas tuas mãos
embora estejam cansadas, pontuais, mortas,
porque outras mãos vermelhas, quando as tuas caírem,
plantarão pelo mundo os ossos dos heróis
para que a tua semente encha assim toda a terra.

NUEVO CANTO DE AMOR A STALINGRADO

YO ESCRIBÍ sobre el tiempo y sobre el agua,
describí el luto y su metal morado,
yo escribí sobre el cielo y la manzana,
ahora escribo sobre Stalingrado.

Ya la novia guardó con su pañuelo
el rayo de mi amor enamorado,
ahora mi corazón está en el suelo:
en el humo y la luz de Stalingrado.

Yo toqué con mis manos la camisa
del crepúsculo azul y derrotado:
ahora toco el alba de la vida
naciendo con el sol de Stalingrado.

Yo sé que el viejo joven transitorio
de pluma, como un cisne encuadernado,
desencuaderna su dolor notorio
por mi grito de amor a Stalingrado.

Yo pongo el alma mía donde quiero.
Y no me nutro de papel cansado,
adobado de tinta y de tintero.
Nací para cantar a Stalingrado.

NOVO CANTO DE AMOR A STALINGRADO

Eu escrevi sobre o tempo e sobre a água,
descrevi o luto e o metal arroxeado,
eu escrevi sobre o céu e a maçã,
agora escrevo sobre Stalingrado.

A noiva já guardou com o lenço no colo
o raio do meu amor enamorado,
agora o coração está no solo:
na fumaça e na luz de Stalingrado.

Eu toquei com minhas mãos a camisa
do crepúsculo azul e derrotado:
agora toco o amanhecer da vida
nascendo com o sol de Stalingrado.

Eu sei que o velho jovem transitório
de pluma, como um cisne encadernado,
desencaderna o mal já tão notório
por meu grito de amor a Stalingrado.

Eu ponho a minha alma onde bem quero.
Eu não me nutro de papel cansado,
adubado de tinta e de tinteiro.
Nasci para cantar a Stalingrado.

Mi voz estuvo con tus grandes muertos
contra tus propios muros machacados,
mi voz sonó como campana y viento
mirándote morir, Stalingrado.

Ahora americanos combatientes
blancos y oscuros como los granados,
matan en el desierto a la serpiente.
Ya no estás sola, Stalingrado.

Francia vuelve a las viejas barricadas
con pabellón de furia enarbolado
sobre las lágrimas recién secadas.
Ya no estás sola, Stalingrado.

Y los grandes leones de Inglatera
volando sobre el mar huracanado
clavan las garras en la parda tierra.
Ya no estás sola, Stalingrado.

Hoy bajo tus montañas de escarmiento
no sólo están los tuyos enterrados:
temblando está la carne de los muertos
que tocaron tu frente, Stalingrado.

Deshechas van las invasoras manos,
triturados los ojos del soldado,
están llenos de sangre los zapatos
que pisaron tu puerta, Stalingrado.

Minha voz esteve com teus mortos
contra teus próprios muros machucados,
minha voz cantou feito sino ou vento
olhando-te morrer, Stalingrado.

Agora americanos combatentes
brancos e negros como grãos semeados,
vão matar no deserto a serpente.
Já não estás sozinha, Stalingrado.

A França volta às velhas barricadas
com pavilhão de fúria levantado
sobre as lágrimas recém apagadas.
Já não estás sozinha, Stalingrado.

E os leões maiores da férrea Inglaterra
voando sobre este mar turbilhonado
vão cravar suas garras na parda terra.
Já não estás sozinha, Stalingrado.

Hoje sob tuas montanhas de escarmento
não só estão os teus filhos enterrados:
estremecendo está a carne dos mortos
que tocaram tua face, Stalingrado.

Desfeitas vão as invasoras mãos,
triturados os olhos do soldado,
estão bem cheios de sangue os sapatos
que pisaram tua porta, Stalingrado.

Tu acero azul de orgullo construido,
tu pelo de planetas coronados,
tu baluarte de panes divididos,
tu frontera sombría, Stalingrado.

Tu Patria de martillos y laureles,
la sangre sobre tu esplendor nevado,
la mirada de Stalin a la nieve
tejida con tu sangre, Stalingrado.

Las condecoraciones que tus muertos
han puesto sobre el pecho traspasado
de la tierra, y el estremecimiento
de la muerte y la vida, Stalingrado.

La sal profunda que de nuevo traes
al corazón del hombre acongojado
con la rama de rojos capitanes
salidos de tu sangre, Stalingrado.

La esperanza que rompe en los jardines
como la flor del árbol esperado,
la página grabada de fusiles,
las letras de la luz, Stalingrado.

La torre que concibes en la altura,
los altares de piedra ensangrentados,
los defensores de tu edad madura,
los hijos de tu piel, Stalingrado.

Teu aço azul de orgulho construído,
teu cabelo de planetas coroados,
o teu baluarte de pão dividido,
a tua fronteira sombria, Stalingrado.

Tua Pátria de martelos e carvalhos,
o sangue sobre o esplendor nevado,
o olhar de Stalin vai cobrindo a neve
tecida com teu sangue, Stalingrado.

As condecorações que dos teus mortos
foram postas no peito transpassado
da terra, como um estremecimento
da morte e da vida, Stalingrado.

O sal profundo que de novo trazes
ao coração do homem humilhado,
com ramo de vermelhos capitães
saídos do teu sangue, Stalingrado.

A esperança que rompe nos jardins
como a flor do galho tão esperado,
esta página gravada de fuzis,
as letras desta luz, Stalingrado.

A torre que concebes bem na altura,
os altares de pedra ensangüentados,
defensores de tua idade madura,
os filhos de tua pele, Stalingrado.

Las águilas ardientes de tus piedras,
los metales por tu alma amamantados,
los adioses de lágrimas inmensas
y las olas de amor, Stalingrado.

Los huesos de asesinos malheridos,
los invasores párpados cerrados,
y los conquistadores fugitivos
detrás de tu centella, Stalingrado.

Los que humillaron la curva del Arco
y las aguas del Sena han taladrado
con el consentimiento del esclavo
se detuvieron en Stalingrado.

Los que Praga la Bella sobre lágrimas,
sobre lo enmudecido y traicionado,
pasaron pisoteando sus heridas,
murieron en Stalingrado.

Los que en la gruta griega han escupido,
la estalactita de cristal truncado
y su clásico azul enrarecido,
ahora dónde están, Stalingrado?

Los que España quemaron y rompieron
dejando el corazón encadenado
de esa madre de encinos y guerreros
se pudren a tus pies, Stalingrado.

As águias tão ardentes de tuas pedras,
os metais da tua alma amamentados,
os adeuses de lágrimas imensas
e as ondas de amor pra ti, Stalingrado?

Os ossos dos assassinos feridos,
os invasores com olhos bem fechados,
conquistadores fugitivos vão
por trás de tua centelha, Stalingrado.

Os que antes humilharam a curva do Arco
e que as águas do Sena tinham passado
com o consentimento do escravo
foram detidos em Stalingrado.

Os que na Bela Praga sobre as lágrimas,
sobre um emudecido e atraiçoado,
passaram pisoteando suas feridas,
morreram em Stalingrado.

Os que na gruta grega têm cuspido,
a estalactite de cristal trincado
e no seu clássico azul rarefeito,
agora onde é que andarão, Stalingrado?

Os que a Espanha romperam e queimaram
deixando o coração acorrentado
dessa mãe de carvalhos e guerreiros
podres estão aos pés de Stalingrado.

Los que en Holanda tulipanes y agua
salpicaron de lodo ensangrentado
y esparcieron el látigo y la espada,
ahora duermen en Stalingrado.

Los que en la noche blanca de Noruega
con un aullido de chacal soltado
quemaron esa helada primavera,
enmudecieron en Stalingrado.

Honor a ti por lo que el aire trae,
lo que se ha de cantar y lo cantado,
honor para tus madres y tus hijos
y tus nietos, Stalingrado.

Honor al combatiente de la bruma,
honor al Comisario y al soldado,
honor al cielo detrás de tu luna,
honor al sol de Stalingrado.

Guárdame un trozo de violenta espuma,
guárdame un rifle, guárdame un arado,
y que lo pongan en mi sepultura
con una espiga roja de tu estado,
para que sepan, si hay alguna duda,
que he muerto amándote y que me has amado,
y si no he combatido en tu cintura
dejo en tu honor esta granada oscura,
este canto de amor a Stalingrado.

Os que na Holanda tulipas e a água
salpicaram de lodo ensangüentado
e esparziram o látego e a espada,
agora dormem em Stalingrado.

Os que na noite branca da Noruega
com uivos de chacal alucinado
queimaram a gelada primavera,
emudeceram em Stalingrado.

Honra a ti pelo que no ar se traz,
o que se vai cantar e o já cantado,
honra para tuas mães e para os filhos
e para teus netos, Stalingrado.

Honra ao combatente da escuridão,
ao Comissário a honra e para o soldado,
honra ao céu por trás da lua na amplidão,
honra ao sol de Stalingrado.

Guarda-me um pouco da violenta espuma,
guarda-me um rifle, guarda-me um arado,
e que o coloquem em minha sepultura
com uma espiga vermelha de teu estado,
para que saibam, se há alguma dúvida,
que morri amando a ti e que fui amado,
e que se não combati em tua cintura
deixo para honra tua a granada escura,
este canto de amor a Stalingrado.

TINA MODOTTI HA MUERTO

TINA MODOTTI, hermana, no duermes, no, no
duermes:
Tal vez tu corazón oye crecer la rosa
de ayer, la última rosa de ayer, la nueva rosa.
Descansa dulcemente, hermana.

La nueva rosa es tuya, la nueva tierra es tuya:
te has puesto un nuevo traje de semilla profunda
y tu suave silencio se llena de raíces.
No dormirás en vano, hermana.

Puro es tu dulce nombre, pura es tu frágil vida.
De abeja, sombra, fuego, nieve, silencio, espuma,
de acero, línea, polen, se construyó tu férrea,
tu delgada estructura.

El chacal a la alhaja de tu cuerpo dormido
aún asoma la pluma y el alma ensangrentada
como si tú pudieras, hermana, levantarte,
sonriendo sobre el lodo.

A mi patria te llevo para que no te toquen,
a mi patria de nieve para que a tu pureza
no llegue el asesino, ni el chacal, ni el vendido:
allí estarás tranquila.

TINA MODOTTI ESTÁ MORTA

TINA MODOTTI, irmã, não dormes, não, não
dormes:
talvez teu coração escute crescer a rosa
de ontem, a última rosa, a de ontem, nova rosa.
Descansa docemente, irmã.

A nova rosa é tua, a nova terra é ainda tua:
vestiste um novo traje de semente profunda
e teu silêncio suave está cheio de raízes.
Não dormirás em vão, irmã.

Puro é teu doce nome, pura é tua frágil vida.
De abelha, sombra, fogo, neve, espuma, silêncio
de aço, de linha e pólen, construiu-se tua férrea,
tua delgada estrutura.

O chacal a jóia do teu corpo adormecido
ainda chegam à tua pluma e à tua alma ensangüentada,
como se tu pudesses, irmã, levantar-te,
sorrindo sobre o lodo.

À minha pátria te levo para que não te toquem,
à minha pátria enevoada para que à tua pureza
não chegue um assassino, ou chacal, ou vendido:
ali estarás tranqüila.

Oyes un paso, un paso lleno de pasos, algo
grande desde la estepa, desde el Don, desde el frío?
Oyes un paso firme de soldado en la nieve?
Hermana, son tus pasos.

Ya pasarán un día por tu pequeña tumba
antes de que las rosas de ayer se desbaraten,
ya pasarán a ver los de un día, mañana,
donde está ardiendo tu silencio.

Un mundo marcha al sitio donde tú ibas, hermana.
Avanzan cada día los cantos de tu boca
en la boca del pueblo glorioso que tú amabas.
Tu corazón era valiente.

En las viejas cocinas de tu patria, en las rutas
polvorientas, algo se dice y pasa,
algo vuelve a la llama de tu dorado pueblo,
algo despierta y canta.

Son los tuyos, hermana: los que hoy dicen tu nombre,
los que de todas partes, del agua y de la tierra,
con tu nombre otros nombres callamos y decimos.
Porque el fuego no muere.

Ouves um passo, um passo de outros passos, algo
grande desde uma estepe do Don, desde o frio?
Ouves firme o soldado pisando na neve?
Irmã, são os teus passos.

Um dia passarão em tua pequena e fria tumba
antes que tuas rosas de ontem desbaratem,
já passarão para ver os de um dia, para ver certo amanhã,
onde está ardendo o teu silêncio.

Um mundo marcha ao sítio onde tu ias, irmã.
Avançam cada dia os cantos da tua boca
na boca do povo glorioso que tu amavas.
Teu coração era valente.

Nas velhas cozinhas de tua pátria, e nas rotas
cheias de pó, algo é dito e vai passando,
algo retorna à chama do dourado povo,
algo desperta e canta.

São os teus, minha irmã: os que dizem teu nome,
os que de toda parte, da água e toda a terra,
com teu nome outros nomes calamos, dizemos.
Porque o fogo não morre.

7 DE NOVIEMBRE
ODE A UN DÍA DE VICTORIAS

Este doble aniversario, este día, esta noche
hallarán un mundo vacío, encontrarán un torpe
hueco de corazones desolados?
                                No, más que un día con horas,
es un paso de espejos y de espadas,
es una doble flor que golpea la noche
hasta arrancar el alba de su cepa nocturna!

Día de España que del Sur
vienes, valiente día
de plumaje férreo,
llegas de allí, del último que cae com la frente quebrada
con tu cifra de fuego todavía en la boca!

Y vas allí con nuestro
recuerdo insumergido:
tú fuiste el día, tú eres
la lucha, tú sostienes
la columna invisible, el ala
de donde va a nacer, con tu número, el vuelo!

Siete, Noviembre, en dónde vives?
En dónde arden los pétalos, en dónde tu silbido
dice al hermano: sube!, y al caído: levántate!
En dónde tu laurel crece desde la sangre
y atraviesa la pobre carne del hombre y sube

7 DE NOVEMBRO
ODE A UM DIA DE VITÓRIAS

Este duplo aniversário, este dia e a noite
acharão um mundo vazio e encontrarão o torpe
vazio dos corações mais desolados?
                    Não, mais que um dia com horas,
é um lance de espelhos e de espadas,
é uma dupla flor que golpeia a noite
até arrancar a manhã de sua cepa noturna!

Dia da Espanha que do Sul
vens, valente dia
de plumagem férrea,
chegas dali, de um último caído com a face quebrada,
com tua cifra de fogo, no entanto, em tua boca!

E vais ali com nosso
recordar não submerso:
tu foste o dia, tu és
a luta, tu sustentas
a coluna invisível, a asa
de onde vai nascer, com o teu número, o vôo!

Sete, Novembro, onde vives?
Onde ardem pétalas, onde o teu assobio
diz ao irmão, sobe!, e ao caído, que se levante!
E de onde o teu laurel cresce desde o teu sangue
e atravessando a pobre carne do homem sobe

a construir el héroe?
En ti, otra vez, Unión,
en ti, otra vez, hermana de los pueblos del mundo,
Patria pura y soviética, vuelve a ti tu semilla
grande como un follaje derramado en la tierra!

No hay llanto para ti, Pueblo, en tu lucha!
Todo ha de ser de hierro, todo ha de andar y herir,
todo, hasta el impalpable silencio, hasta la duda,
hasta la misma duda que con mano de invierno
nos busque el corazón para helarlo y hundirlo,
todo, hasta la alegría, todo sea de hierro
para ayudarte, hermana y madre, en la victoria!

Que el que reniega hoy sea escupido!
Que el miserable hoy tenga su castigo en la hora
de las horas, en la sangre total,
que el cobarde retorne
a las tinieblas, que los laureles pasen al valiente,
al valiente camino, a la valiente nave
de nieve y sangre que defiende el mundo!

Yo te saludo, Unión Soviética, en este día,
con humildad: soy escritor y poeta.
mi padre era ferroviario: siempre fuimos pobres.

Estuve ayer contigo, lejos, en mi pequeño
país de grandes lluvias. Allí creció tu nombre
caliente, ardiendo en el pecho del pueblo,
hasta tocar el alto cielo de mi república!

a construir o herói?
Em ti, outra vez, União,
em ti, outra vez, irmã dos povos deste mundo,
Pátria pura e soviética, volta à semente
grande como uma folhagem derramada na terra!

Não há pranto pra ti, Povo, em tua luta!
Tudo tem de ser ferro, tudo anda e quer ferir,
tudo, até o impalpável silêncio, até a dúvida,
até a mesma dúvida que com mão de inverno
vai buscar nosso coração para esfriá-lo e fundi-lo,
tudo, até mesmo a alegria, tudo tem de ser ferro
para ajudar-te, irmã e mãe, nessa vitória!

Que o que renega hoje seja cuspido!
Que o miserável tenha hoje o castigo na hora
das horas, no sangue totalizado,
que o covarde volte
às trevas, e que os louros passem ao valente,
ao valente caminho e à mais valente nave
de neve e sangue que defende o mundo!

Saúdo-te, União Soviética, neste dia,
com humildade: sou escritor e poeta.
Meu pai era ferroviário: sempre fomos pobres.

Estive ontem contigo, longe, no pequeno
país rico em grandes chuvas. Ali cresceu teu nome
quente, ardendo no peito do meu povo,
e tocou no céu alto da minha república!

Hoy pienso en ellos, todos están contigo!
De taller a taller, de casa a casa,
vuela tu nombre como un ave roja!
Alabados sean tus héroes, y cada gota
de tu sangre, alabada
sea la desbordante marejada de pechos
que defienden tu pura y orgullosa morada!

Alabado sea el heroico y amargo
pan que te nutre, mientras las puertas del tiempo
    se abren
para que tu ejército de Pueblo y de hierro marche
    cantando
entre ceniza y páramo, sobre los asesinos,
a plantar una rosa grande como la luna
en la fina y divina tierra de la victoria!

Penso hoje neles, todos vão contigo!
De oficina em oficina, de casa em casa,
o teu nome voa como ave encarnada!
Louvados sejam os heróis e cada gota
do teu sangue, louvada
a desbordante marulhada em nossos peitos
que defendem tua pura e orgulhosa morada!

Louvado seja o heróico e amargo pão
que te nutre, enquanto as portas do tempo se abrem
para que teu exército de Povo e ferro marche
        cantando
por entre a cinza e o páramo, sobre os assassinos,
plantando a rosa grande como a lua
nesta fina e divina terra da vitória!

UN CANTO PARA BOLÍVAR

PADRE NUESTRO que estás en la tierra, en el agua, en el
aire
de toda nuestra extensa latitud silenciosa,
todo lleva tu nombre, padre, en nuestra morada:
tu apellido la caña levanta a la dulzura,
el estaño bolívar tiene um fulgor bolívar,
el pájaro bolívar sobre el volcán bolívar,
la patata, el salitre, las sombras especiales,
las corrientes, las vetas de fosfórica piedra,
todo lo nuestro viene de tu vida apagada,
tu herencia fueron ríos, llanuras, campanarios,
tu herencia es el pan nuestro de cada día, padre.

Tu pequeño cadáver de capitán valiente
ha extendido en lo inmenso su metálica forma,
de pronto salen dedos tuyos entre la nieve
y el austral pescador saca a la luz de pronto
tu sonrisa, tu voz palpitando en las redes.
De qué color la rosa que junto a tu alma alcemos?
Roja será la rosa que recuerde tu paso.
Cómo serán las manos que toquen tu ceniza?
Rojas serán las manos que en tu ceniza nacen.
Y cómo es la semilla de tu corazón muerto?
Es roja la semilla de tu corazón vivo.

Por eso es hoy la ronda de manos junto a ti.
Junto a mi mano hay otra y hay otra junto a ella,

UM CANTO PARA BOLÍVAR

PAI-NOSSO que estais na terra, na água e estais no
ar
de nossa extensa latitude silenciosa,
tudo leva teu nome, pai, em nossa morada:
teu sobrenome a cana levanta em doçura,
é que o estanho bolívar tem fulgor bolívar,
o pássaro bolívar no vulcão bolívar,
a batata e o salitre, e as sombras especiais,
as correntes, as veias de fosfórica pedra,
tudo que é nosso vem de tua vida apagada,
tua herença foram rios, planaltos, campanários,
e a tua herança é o pão nosso de cada dia, pai.

Teu pequeno cadáver, capitão valente,
foi que estendeu no imenso a metálica forma,
logo vão sair os dedos teus dentro da neve
e o pescador austral tira à luz num momento
o teu sorriso, a tua voz que palpita em redes.
Qual a cor da rosa que junto à tua alma alçamos?
Será vermelha a rosa a recordar teu passo.
Como serão as mãos que tocam a tua cinza?
Vermelhas são as mãos que nascem das tuas cinzas.
Como será a semente do teu coração morto?
Vermelha é a semente do teu coração vivo.

Por isso hoje é a ronda das mãos junto a ti.
Com a minha mão tem outra e tem outra com ela,

y otra más, hasta el fondo del continente oscuro.
Y otra mano que tú no conociste entonces
viene también, Bolívar, a estrechar a la tuya
de Teruel, de Madrid, del Jarama, del Ebro,
de la cárcel, del aire, de los muertos de España
llega esta mano roja que es hija de la tuya.

Capitán, combatiente, donde una boca
grita libertad, donde un oído escucha,
donde un soldado rojo rompe una frente parda,
donde un laurel de libres brota, donde una nueva
bandera se adorna con la sangre de nuestra insigne
aurora,
Bolívar, capitán, se divisa tu rostro.
Otra vez entre pólvora y humo tu espada está naciendo.
Otra vez tu bandera con sangre se ha bordado.
Los malvados atacan tu semilla de nuevo,
clavado en otra cruz está el hijo del hombre.

Pero hacia la esperanza nos conduce tu sombra,
el laurel y la luz de tu ejército rojo
a través de la noche de América con tu mirada mira.
Tus ojos que vigilan más allá de los mares,
más allá de los pueblos oprimidos y heridos,
más allá de las negras ciudades incendiadas,
tu voz nace de nuevo, tu mano otra vez nace:
tu ejército defiende las banderas sagradas:
la Libertad sacude las campanas sangrientas,
y un sonido terrible de dolores precede
la aurora enrojecida por la sangre del hombre.

e mais outra, até o fundo continente escuro.
E outra mão que então tu também não conheceste
virá também, Bolívar, estreitar a tua,
de Teruel, de Madri e de Jarama e mais do Ebro,
do cárcere, do ar, dos mortos da Espanha
chega esta mão vermelha e que é filha da tua.

Capitão, combatente, onde uma boca
a liberdade grita e um ouvido escuta,
um soldado vermelho rompe a frente parda,
onde um laurel de homens livres brota, onde uma nova
bandeira adorna com o sangue de nossa insigne
aurora,
Bolívar, capitão, divisamos teu rosto.
Outra vez entre pólvora e fumo tua espada está nascendo.
Outra vez tua bandeira com sangue será bordada.
Os maus atacam tua semente novamente,
cravado noutra cruz ainda está o filho do homem.

Mas até à esperança nos conduz tua sombra,
laurel e luz do exército vermelho
pela noite da América o teu olhar mira.
Teus olhos que vigiam mais além dos mares,
bem mais além dos povos oprimidos, feridos,
e mais além das negras cidades queimadas,
tua voz nasce de novo e a mão também renasce:
teu exército luta em bandeiras sagradas:
Liberdade sacode campainhas sangrentas
e um som terrível de dores precede
a aurora avermelhada pelo sangue humano.

Libertador, un mundo de paz nació en tus brazos.
La paz, el pan, el trigo de tu sangre nacieron,
de nuestra joven sangre venida de tu sangre
saldrán paz, pan y trigo para el mundo que haremos.

Yo conocí a Bolívar una mañana larga,
en Madrid, en la boca del Quinto Regimiento,
Padre, le dije, eres o no eres o quién eres?
Y mirando el Cuartel de la Montaña, dijo:
"Despierto cada cien años cuando despierta el pueblo".

Libertador, um mundo de paz nasceu em teus braços.
A paz, o pão, o trigo nasceram do teu sangue,
de nosso jovem sangue vindo do teu sangue
sairá paz, pão e trigo para o mundo que faremos.

Eu conheci Bolívar numa manhã imensa,
em Madri, na boca do Quinto Regimento,
Pai, eu lhe disse, és ou não és, ou quem és?
E olhando o Quartel da Montanha, disse:
"Desperto a cada cem anos quando desperta o povo".

CANTO A LOS RÍOS DE ALEMANIA

SOBRE EL RHIN, en la noche, lleva el agua una boca
y la boca una voz y la voz una lágrima
y una lágrima corre por todo el Rhin dorado
donde ya la dulzura de Loreley no vive,
una lágrima empapa las cepas cenicientas
para que el vino tenga también sabor de lágrimas.
Sobre el Rhin, en la noche, lleva el agua una lágrima,
una voz, una boca que lo llena de sal.

Toda la primavera se ha mojada de llanto
porque el río la cubre de saladas raíces
y las lágrimas suben al árbol lentamente
hasta brillar encima como flores de hielo:
pasa la madre y mira su lágrima en la altura,
pasa el hombre y su largo silencio ha florecido:
y el prisionero desde su martirio conoce
lo que la primavera le dice desde el aire.

El Elba ha recorrido toda tu fría tierra:
algo quiere decirte su lengua congelada,
calla bajo los puentes de la ciudad extrema
y habla en los campos, solo, sin decir su mensaje,
errante y vacilante como un niño perdido.

Pero el Oder no tiene transparencia ni canto,
el Oder lleva sangre que no canta ni brilla,
sangre secreta llevan sus aguas hacia el norte
y el Océano espera su sangre cada día:

CANTO AOS RIOS DA ALEMANHA

Sobre o Reno, em meio à noite leva a água uma boca
e a boca uma voz e a voz levando uma lágrima
faz correr uma lágrima pelo Reno dourado
onde a doçura já de Loreley não vive,
uma lágrima empapa as cepas mais cinzentas
para que o vinho tenha o sabor de suas lágrimas.
Sobre o Reno, na noite, leva a água uma lágrima,
uma voz, uma boca que o faz cheio.

Toda uma primavera molhou-se de pranto
porque este rio a cobre de salgadas raízes,
lágrimas vão subindo a árvore lentamente
até brilhar por cima suas flores de gelo:
passa a mãe e olha a lágrima que está na altura,
passa o homem e seu grande silêncio florescido:
e o prisioneiro desde o seu martírio sabe
o que lhe disse a primavera desde o ar.

O Elba percorreu toda a tua fria terra:
algo quer te dizer sua língua congelada,
e cala sob as pontes da cidade extrema,
fala nos campos, só, e sem dizer sua mensagem,
errante e vacilante menino perdido.

Mas não tem transparência o Oder, nem tem mais canto,
o Oder leva sangue que não canta nem brilha,
sangue secreto levam suas águas ao norte
e o Oceano espera o seu sangue todos os dias:

el viejo río tiembla como una nueva arteria,
recoge del martirio su testimonio y corre
para que no se pierda nuestra sangre en la tierra.

Ya no llevan los ríos un pétalo de frio
sino la sanguinaria rosa de los verdugos
y la ilustre semilla del árbol de mañana:
árbol extraño, mezcla de látigo y laurel.
Bajo la tierra el agua de la venganza crece
y la victoria pone los frutos de su parto
sobre las viejas venas azules de la tierra,
para que así se lave junto al agua sangrienta
el corazón del hombre cuando nazca de nuevo.

Alemania Libre, quién dice
que no luchas? Tus muertos hablan bajo la tierra.
Alemania, quién dice que sólo eres la cólera
del asesino? Y con quién comenzó el asesino?
No amarraron tus puras manos de piedra un día
para quemarlas? No levantó el verdugo
sus primeros incendios
sobre tu pura frente de música y de frío?
No rompieron el pétalo más profundo de Europa
sacándolo con sangre de tu corazón rojo?
Quién es el combatiente que se atreve
a tocar tu linaje de dolores?

Brigadas
de alemanes hermanos:
atravesasteis todo el silencio del mundo
para poner el ancho pecho junto a nosotros,

e o velho rio tremendo feito nova artéria,
recolhe do martírio o testemunho e corre
para não se perder nosso sangue na terra.

Já não levam os rios uma pétala de frio
senão a sanguinária rosa dos verdugos
e a semente que ilustra a árvore do amanhã:
árvore estranha, mescla de látego e louro.
Sob a terra a árvore da vingança está crescendo
e a vitória dispõe os frutos do seu parto
sobre as velhas veias azuis que são da terra,
para que assim se lave junto à água sangrenta
o coração do homem quando nascer de novo.

Alemanha Livre, quem disse
que não lutas? Teus mortos falam sob a terra.
Alemanha, quem disse que só és a cólera
do assassino? E com quem começou o assassino?
Não amarraram tuas puras mãos de pedra um dia
para queimá-las? Não levantou o verdugo
seus primeiros incêndios
sobre tua pura face de música e frio?
Não romperam a pétala profunda da Europa
tirando-a em sangue do teu coração vermelho?
Quem é o combatente que se atreve
a tocar tua linhagem de dor?

Brigadas
de alemães irmãos:
atravessastes todo o silêncio do mundo
para botar o largo peito junto a nós,

vuestras prisiones eran como un río de noche
que hacia España llevaban vuestra secreta voz,
porque ésa era la grave patria que defendimos
de los hambrientos lobos que os mordían el alma.

La voz de Einstein era una voz de ríos.
La voz de Heine cantaba como el agua en nosotros.
La voz de Mendelssohn, de las viejas montañas
bajaba, a refrescar nuestras secas gargantas.

La voz de Thaelmann como un río enterrado
palpitaba en la arena del combate del hombre,
y todas vuestras voces de catedral y cauce
desde las altas peñas de Europa se escuchaban
caer en una inmensa catarata fluvial.

Todos los ríos hablan de lo que precipitas.
Sordas venas de sangre tu territorio cruzan
y el alma encadenada se sacude en tu tierra.

Libre Alemania, madre de este río secreto
que desde el hacha brota, desde la cárcel llega
refrescando los pasos del soldado invisible:
en la noche, en la niebla se oye tu voz ahogada
crecer, unirse, hacerse, repartirse y correr
y cantar con tu voz antigua el viejo canto.
Un nuevo río corre profundo y poderoso
desde tu torturado corazón, Alemania,
y desde la desdicha sus aguas se levantan.
La voz secreta crece junto a las rojas márgenes
y el hombre sumergido se levanta y camina.

vossas prisões eram como um rio dentro da noite
que até a Espanha foi levada a tua voz secreta,
e porque esta era a grave pátria que defendemos
destes lobos famintos que mordiam suas almas.

A voz de Einstein era uma voz de rios.
A voz de Heine cantava como águas em nós.
A voz de Mendelssohn, dos velhos montes
baixava, a refrescar nossas gargantas secas.

A voz de Thaelmann como un rio enterrado
palpitava na arena de combate do homem,
e todas as vozes de catedral e rio
desde as mais altas penhas da Europa se escutavam
cair numa imensa catarata fluvial.

E todos os rios falam do que precipitas.
Surdas veias de sangue o território cruzam
e a alma acorrentada se mexe na tua terra.

Livre Alemanha, que é mãe deste rio secreto
que brota do machado e do cárcere, chega
refrescando os passos do soldado invisível:
na noite, na névoa ouve-se tua voz afogada
crescer, unir-se, repartir-se, fazer-se, ir
e cantar com tua voz antiga o velho canto.
Um novo rio corre profundo e poderoso
desde o teu coração torturado, Alemanha,
e desde a desdita suas águas se levantam.
A voz secreta cresce junto às rubras margens
e o homem que era submerso levanta e caminha.

CANTO EN LA MUERTE Y RESURRECCIÓN DE LUIS COMPANYS

CUANDO POR LA COLINA donde otros muertos siguen
vivos, como semillas sangrientas y enterradas
creció y creció tu sombra hasta apagar el aire
y se arrugó la forma de la almendra nevada
y se extendió tu paso como un sonido frío
que caía desde una catedral congelada,
tu corazón golpeaba las puertas más eternas:
la casa de los muertos capitanes de España.

Joven padre caído con la flor en el pecho,
con la flor en el pecho de la luz catalana,
con el clavel mojado de sangre inextinguible,
con la amapola viva sobre la luz quebrada,
tu frente ha recibido la eternidad del hombre
entre los enterrados corazones de España.

Tu alma tuvo el aceite virginal de la aldea
y el áspero rocío de tu tierra dorada
y todas las raíces de Cataluña herida
recibían la sangre del manantial de tu alma,
las grutas estelares donde el mar combatido
deshace sus azules bajo la espuma brava,
y el hombre y el olivo duermen en el perfume
que dejó por la tierra tu sangre derramada.

CANTO NA MORTE E RESSURREIÇÃO DE LUIS COMPANYS

QUANDO PELA COLINA onde outros mortos seguem
vivos, como sementes sangrentas e enterradas
cresceu e cresceu tua sombra até apagar o ar
e enrugou-se esta forma de amêndoa nevada
e estendeu-se teu passo como num som frio
que caía desde uma catedral gelada,
teu coração golpeava as portas mais eternas:
da casa dos teus mortos capitães da Espanha.

O jovem pai caído com a flor no peito,
com a flor no teu peito de flor catalã,
com o cravo molhado em sangue inextinguível,
com a papoula viva sobre a luz quebrada,
tua face recebeu a eternidade do homem
no meio de enterrados corações da Espanha.

A tua alma teve o azeite virginal da aldeia
e o áspero rocio de tua terra que é dourada
e todas as raízes da tua Catalunha ferida
recebendo o sangue da fonte da alma,
as grutas estelares onde o mar batido
desfaz os seus azuis sob a espuma brava,
e o homem e a oliva dormem no sutil perfume
que deixou na terra teu sangue derramado.

Deja que rumbo a rumbo de Cataluña roja,
y que de punta a punta de las piedras de España,
paseen los claveles de tu viviente herida
y mojen los pañuelos en tu sangre sagrada,
los hijos de Castilla que no pueden llorarte
porque eres en lo eterno de piedra castellana,
las niñas de Galicia que lloran como ríos,
los niños gigantescos de la mina asturiana,
todos, los pescadores de Euzkadi, los del Sur, los que tienen
otro capitán muerto que vengar en Granada,
tu patria guerrillera que escarba el territorio
encontrando los viejos manantiales de España.

Guerrilleros de todas las regiones, salud,
tocad, tocad la sangre bajo la tierra amada:
es la misma, caída por la extensión lluviosa
del Norte y sobre el Sur de corteza abrasada:
atacad a los mismos enemigos amargos,
levantad una sola bandera iluminada:
unidos por la sangre del capitán Companys
reunida en la tierra con la sangre de España!

Deixa que rumo a rumo a encarnada Catalunha,
e que de ponta a ponta das pedras da Espanha,
passeiem os cravos de tua vívida ferida
e que molhem os lenços no sangue sagrado,
os filhos de Castela que não te podem chorar
porque estás no eterno da pedra castelhana,
as meninas da Galícia que choram como rios,
os meninos gigantes da mina asturiana,
todos, os pescadores de Euzkadi, os do Sul, os que têm
outro capitão morto a vingar em Granada,
tua pátria guerrilheira que escarva o território
encontrando os mananciais antigos da Espanha.

Guerrilheiros de todas as regiões, saúde,
toquem, toquem o sangue sob a terra amada:
é o mesmo que caiu pela extensão chuvosa
do Norte e sobre o Sul de córtex abrasado:
ataquem os inimigos, os mesmos e amargos,
levantem uma só bandeira iluminada:
unidos no sangue do capitão Companys
reunido na terra com o sangue da Espanha!

DURA ELEGÍA

SEÑORA, hiciste grande, más grande a nuestra América.
Le diste un río puro, de colosales aguas:
le diste un árbol alto de infinitas raíces:
un hijo tuyo digno de su patria profunda.

Todos lo hemos querido junto a estas orgullosas
flores que cubrirán la tierra en que reposas,
todos hemos querido que viniera del fondo
de América, a través de la selva y del páramo,
para que así tocara tu frente fatigada
su noble mano llena de laureles y adioses.

Pero otros han venido por el tiempo y la tierra,
señora, y le acompañan en este adiós amargo
para el que te negaron la boca de tu hijo
y a él, el encendido corazón que guardabas.
Para tu sed negaron el agua que creaste,
el manantial remoto de su boca apartaron.
Y no sirven las lágrimas en esta piedra rota,
en que duerme una madre de fuego y de claveles.

Sombras de América, héroes coronados de furia,
de nieve, sangre, océano, tempestad y palomas,
aquí: venid al hueco que esta madre en sus ojos
guardaba para el claro capitán que esperamos:
héroes vivos y muertos de nuestra gran bandera:
O'Higgins, Juárez, Cárdenas, Recabarren, Bolívar,

DURA ELEGIA

Senhora, tu fizeste grande nossa América.
Deste a ela um rio mais puro, de colossais águas:
deste-lhe uma árvore alta de infinitas raízes:
um filho teu que é digno da pátria profunda.

Todos nós o queríamos junto às orgulhosas
flores que cobrirão a terra onde dormes,
e todos nós queríamos que viesse bem do fundo
da América, através da selva e do seu páramo,
para que assim tocasse a face fatigada
sua nobre mão cheia de louros e de adeuses.

Mas outros vieram pelo tempo e pela terra,
senhora, e te acompanham neste adeus amargo
para o que te negaram a boca do teu filho
e a ele, um coração aceso que guardavas.
Para a tua sede negaram a água que criaste,
manancial remoto afastaram da tua boca.
E não servem as lágrimas nesta pedra rota,
onde dorme uma mãe feita de fogo e de cravos.

Sombras da América, heróis coroados de fúria,
de neve, sangue, oceano, tempestade e pombas,
aqui: venham ao espaço que esta mãe nos olhos
tinha para o claro capitão que esperamos:
heróis vivos e mortos de nossa bandeira:
O'Higgins, Juárez, Cárdenas, Recabarren, Bolívar,

Martí, Miranda, Artigas, Sucre, Hidalgo, Morelos,
Belgrano, San Martín, Lincoln, Carrera, todos,
venid, llenad el hueco de vuestro gran hermano
y que Luis Carlos Prestes sienta en su celda el aire,
las alas torrenciales de los padres de América.

La casa del tirano tiene hoy una presencia
grave como un inmenso ángel de piedra,
la casa del tirano tiene hoy una visita
dolorosa y dormida como una luna eterna,
una madre recorre la casa del tirano,
una madre de llanto, de venganza, de flores,
una madre de luto, de bronce, de victoria,
mirará eternamente los ojos del tirano
hasta clavar en ellos nuestro luto mortal.

Señora, hoy heredamos tu lucha y tu congoja.
Heredamos tu sangre que no tuvo reposo.
Juramos a la tierra que te recibe ahora
no dormir ni soñar hasta que vuelva tu hijo.
Y como en tu regazo su cabeza faltaba
nos hace falta el aire que su pecho respira,
nos hace falta el cielo que su mano indicaba.
Juramos continuar las detenidas venas,
las detenidas llamas que en tu dolor crecían.
Juramos que las piedras que te ven detenerte
van a escuchar los pasos del héroe que regresa.

No hay cárcel para Prestes que esconda su diamante.
El pequeño tirano quiere ocultar su fuego

Martí, Miranda, Artigas, Sucre, Hidalgo, Morelos,
Belgrano, San Martín, Lincoln, Carrera, todos,
venham para encher o vazio do grande irmão
e que Luís Carlos Prestes sinta em sua cela o ar,
as asas torrenciais dos pais de nossa América.

A casa do tirano tem hoje a presença
grave como um imenso anjo de pedra,
a casa do tirano tem uma visita
adormecida e dolorosa, uma lua eterna,
uma mãe que percorre a casa do tirano,
uma mãe de pranto, de vingança e flores,
mãe de luto fechado, de bronze e vitória,
olhará eternamente os olhos do tirano
até que crave neles nosso luto mortal.

Senhora, hoje herdamos tua luta e tristeza.
Herdamos o teu sangue que não tem repouso.
Juramos à terra que te recebe agora
não dormir nem sonhar até que o filho volte.
Como em teu regaço a cabeça dele faltava
faz-nos falta o ar que o peito dele respirava,
e faz-nos falta o céu que tua mão indicava.
Juramos continuar as veias prisioneiras,
e as tuas detidas chamas que em tua dor cresciam.
Juramos que as pedras que te vêem aprisionar
irão escutar os passos do herói que volta.

Não há cárcere que esconda o diamante de Prestes.
O pequeno tirano vai ocultar seu fogo

con sus pequeñas alas de murciélago frío
y se envuelve en el turbio silencio de la rata
que roba en los pasillos del palacio nocturno.
Pero como una brasa de centella y fulgores
a través de las barras de hierro calcinado
la luz del corazón de Prestes sobresale,
como en las grandes minas del Brasil la esmeralda,
como en los grandes ríos del Brasil la corriente,
y como en nuestros bosques de índole poderosa
sobresale una estatua de estrellas y follaje,
un árbol de las tierras sedientas del Brasil.

Señora, hiciste grande, más grande a nuestra América.
Y tu hijo encadenado combate con nosotros,
a nuestro lado, lleno de luz y de grandeza.
Nada puede el silencio de la araña implacable
contra la tempestad que desde hoy heredamos.
Nada pueden los lentos martirios de este tiempo
contra su corazón de madera invencible.

El látigo y la espada que tus manos de madre
pasearon por la tierra como un sol justiciero
iluminan las manos que hoy te cubren de tierra.
Mañana cambiaremos cuanto hirió tu cabello.
Mañana romperemos la dolorosa espina.
Mañana inundaremos de luz la tenebrosa
cárcel que hay en la tierra.

Mañana venceremos.
Y nuestro Capitán estará con nosotros.

com suas pequenas asas de morcego frio
e se envolverá no turvo silêncio de rato
que rouba nos palácios, nos paços noturnos.
Mas é como uma brasa de brilhante fulgor
através de suas barras de ferro queimado
que a luz do coração de Prestes sobressai,
como esmeralda nas grandes minas do Brasil,
como nos grandes rios do Brasil a corrente,
como em nossos bosques de índole poderosa
sobressai uma estátua de estrelas e folhagem,
uma árvore das terras sedentas do Brasil.

Senhora, tu fizeste grande a nossa América.
E teu filho acorrentado luta conosco,
ao nosso lado, cheio de luz e de grandeza.
Nada pode o silêncio da aranha implacável
contra a tempestade que desde hoje nós herdamos.
Nada podem os lentos martírios do tempo
contra o teu coração de madeira invencível.

O látego e a espada que nas tuas mãos de mãe
passearam pela terra como um justiceiro sol
iluminam as mãos que hoje te cobrem de terra.
Amanhã o que feriu o teu cabelo mudaremos.
Amanhã quebraremos doloroso espinho.
Amanhã encheremos de luz o tenebroso
cárcere que há na terra.

Amanhã venceremos.
Nosso Capitão estará junto de nós.

CANTO AL EJÉRCITO ROJO A SU LLEGADA A LAS PUERTAS DE PRUSIA

ÉSTE EL CANTO entre la noche y el alba, éste es el canto
salido desde los últimos estertores como desde el cuero
golpeado de un tambor sangriento,
brotado de las primeras alegrías parecidas a la rama
florida en la nieve y al rayo del sol sobre la rama florida.

Éstas son las palabras que enpuñaron lo agónico,
y que sílaba a sílaba estrujaron las lágrimas como ropa
manchada
hasta secar las últimas humedades amargas del sollozo,
y hacer de todo el llanto la trenza endurecida,
la cuerda, el hilo duro que sostenga la aurora.

Hermanos, hoy podemos decir: el alba viene,
ya podemos golpear la mesa con el puño
que sostuvo hasta ayer nuestra frente con lágrimas.
Ya podemos mirar la torre cristalina
de nuestra poderosa cordillera nevada
porque en el alto orgullo de sus alas de nieve
brilla el fulgor severo de una nieve lejana
donde están enterradas las garras invasoras.

El Ejército Rojo en las puertas de Prusia. Oíd, oíd!,
oscuros, humillados, héroes radiantes de corona caída,
oíd!, aldeas deshechas y taladas y rotas,

CANTO AO EXÉRCITO VERMELHO EM SUA CHEGADA ÀS PORTAS DA PRÚSSIA

Este é o canto entre a noite e a manhã, este é o canto
saído desde os últimos estertores como desde o couro
golpeado de um tambor sangrento,
brotado das primeiras alegrias parecidas com o ramo
florido na neve e ao raio do sol sobre o ramo florescido.

Estas são palavras que empunharam o agônico,
e que sílaba a sílaba torceram as lágrimas como roupa
manchada
até secar a última umidade amarga do soluço,
fazer de todo o pranto a trança endurecida,
corda, o fio duro que sustente a aurora.

Irmãos, hoje podemos dizer: a alba vem,
já podemos golpear a mesa com o punho
que sustentou até ontem nossa face com lágrimas.
Já podemos olhar a torre cristalina
das nossas poderosas montanhas nevadas
porque no alto orgulho de suas asas de neve
brilha o fulgor severo de uma neve longe
onde estão enterradas as garras invasoras.

O Exército Vermelho nas portas da Prússia. Ouvi, ouvi!,
obscuros, humilhados, heróis radiantes de coroa caída,
ouvi!, aldeias desfeitas e cortadas e rotas,

oíd!, campos de Ukrania donde la espiga puede
renacer con orgullo.
Oíd!, martirizados, ahorcados, oíd!, guerrilleros
muertos,
tiesos bajo la escarcha con las manos que muerden
todavía el fusil,
oíd!, muchachas, niños desamparados, oíd!, cenizas
sagradas
de Pushkin y Tolstoy, de Pedro y Suvorov,
oíd!, en esta altura meridiana el sonido
que en las puertas de Prusia golpea como un trueno.

El Ejército Rojo en las puertas de Prusia. Dónde están
los encolerizados asesinos, los cavadores de tumbas,
dónde están los que del abeto colgaron a las madres,
dónde están los tigres con olor a exterminio?
Están detrás de los muros de su propia casa
temblando,
esperando el relámpago del castigo, y cuando todos los
muros caigan
verán llegar al abeto y a la virgen, al guerrillero, y al
niño,
verán llegar a los muertos y a los vivos para juzgarlos.

Oíd, checoeslovacos, preparad las tenazas
más duras y las horcas, y las cenizas de Lídice
para que sean tragadas por el verdugo mañana,
oíd, impacientes trabajadores de Francia, preparad
vuestros ríos inmortales
para que naveguen en ellos los invasores ahogados.
Preparad la venganza, españoles, detrás de la sierra

ouvi!, campos da Ucrânia onde a espiga pode renascer
com orgulho.
Ouvi!, martirizados, enforcados, ouvi!, guerrilheiros
mortos,
duros sob a neve com as mãos que mordem ainda o
fuzil,
ouvi!, moças, meninos desamparados, ouvi!, cinzas
sagradas
de Pushkin e Tolstói, de Pedro e Suvorov,
ouvi!, nesta altura meridiana ouvi o som
que nas portas da Prússia bate como um trovão.

O Exército Vermelho nas portas da Prússia. Onde estão
os encolerizados assassinos, os cavadores de tumbas,
onde estão os que no abeto penduraram as mães,
onde estão os tigres que cheiram a extermínio?
Estão por trás dos muros de suas próprias casas
tremendo,
esperando o relâmpago do castigo, e quando todos
os muros caírem
verão chegar o pinho e a virgem, o guerrilheiro e o
menino,
verão chegar até os mortos e os vivos para julgá-los.

Ouvi, checoeslovacos, preparai tenazes
as mais duras e as forcas, e as cinzas de Lídice
para que sejam engolidas pelo verdugo amanhã,
ouvi, impacientes trabalhadores da França, preparai
vossos rios imortais
para que naveguem neles os invasores afogados.
Preparai a vingança, espanhóis, atrás da serra

y junto a la costa del Sur ardiente
limpiad la pequeña carabina oxidada porque
ha llegado el día.

Éste es el canto del día que nace y de la noche que termina.
Oídlo bien, y que del sufrimiento endurecido salga la
voz segura
que no perdone, y que no tiemble el brazo que castigue.
Antes de empezar mañana las cantigas de la piedad
humana
tenéis tiempo aún de conocer las tierras empapadas
de martirio.
No levantéis mañana la bandera del perdón
sobre los malditos hijos del lobo y hermanos de la
serpiente,
sobre los que llegaron hasta el último filo del cuchillo
y arrasaron la rosa.

Éste es el canto de la primavera escondida
bajo las tierras de Rusia, bajo las extensiones
de la taiga y la nieve, ésta es la palabra
que sube hasta la garganta desde la raíz enterrada.
Desde la raíz cubierta por tanta angustia, desde el
tallo quebrado
por el invierno más amargo de la tierra, por el invierno
de la sangre en la tierra.

Pero las cosas pasan, y desde el fondo
de la tierra la nueva primavera camina.
Mirad los cañones que florecen en la boca de Prusia.
Mirad las ametralladoras y los tanques que

e junto da costa do Sul ardente
limpai a pequena carabina oxidada porque
é chegado o dia.

Este é o canto do dia que nasce e da noite que termina.
Ouvi-o bem, e que do sofrimento endurecido saia a
voz segura
que não perdoe, e que não trema o braço que castiga.
Antes de começar amanhã as cantigas da piedade
humana
tereis tempo ainda de conhecer as terras empapadas
de martírio.
Não levanteis ainda a bandeira do perdão
sobre os malditos filhos do lobo e irmãos da
serpente,
sobre os que chegaram até o último fio da faca e
arrasaram a rosa.

Este é o canto da primavera escondida
sob as terras da Rússia, sob as extensões
da taiga e sob a neve, esta é palavra
que sobe até a garganta desde a raiz enterrada.
Desde a raiz coberta por tanta angústia, desde o talo
quebrado
pelo inverno mais amargo da terra, pelo inverno
do sangue na terra.

Mas as coisas passam, e desde o fundo
da terra uma nova primavera caminha.
Olhai os canhões que florescem na boca da Prússia.
Olhai as metralhadoras e os tanques que já

desembarcan en esta hora en Marsella.
Escuchad el corazón áspero de Yugoeslavia
palpitando otra vez en el pecho desangrado de Europa.
Los ojos españoles miran hacia acá, hacia México y
Chile,
porque esperan el regreso de sus hermanos errantes.

Algo pasa en el mundo, como un soplo que antes
no sentíamos entre las olas de la pólvora.

Éste es el canto de lo que pasa y de lo que será.
Éste es el canto de la lluvia que cayó sobre el campo
como una inmensa lágrima de sangre y plomo.
Hoy que el Ejército Rojo golpea las puertas de Prusia
he querido cantar para vosotros, para toda la tierra,
este canto de palabras oscuras,
para que seamos dignos de la luz que llega.

desembarcam bem nesta hora em Marselha.
Escutai o coração áspero da Iugoslávia
palpitando outra vez no peito sangrado da Europa.
Os olhos espanhóis olham para cá, para o México e o
Chile,
porque esperam o regresso de seus irmãos errantes.

Algo acontece no mundo, um sopro que antes
não sentíamos entre as ondas de pólvora.

Este é o canto do que passa e do que será.
Este é o canto da chuva que caiu sobre o campo
como uma imensa lágrima de sangue e chumbo.
Hoje que o Exército Vermelho golpeia as portas da Prússia
eu quis cantar para vós todos, para toda a terra,
este canto de palavras obscuras,
para que sejamos dignos da luz que chega.

Coleção **L&PM** POCKET (LANÇAMENTOS MAIS RECENTES)

618.**Snoopy em Assim é a vida, Charlie Brown! (3)** – Schulz
619.**1954 – Um tiro no coração** – Hélio Silva
620.**Sobre a inspiração poética (Íon)** e ... – Platão
621.**Garfield e seus amigos (8)** – Jim Davis
622.**Odisséia (3): Ítaca** – Homero
623.**A louca matança** – Chester Himes
624.**Factótum** – Bukowski
625.**Guerra e Paz: volume 1** – Tolstói
626.**Guerra e Paz: volume 2** – Tolstói
627.**Guerra e Paz: volume 3** – Tolstói
628.**Guerra e Paz: volume 4** – Tolstói
629(9).**Shakespeare** – Claude Mourthé
630.**Bem está o que bem acaba** – Shakespeare
631.**O contrato social** – Rousseau
632.**Geração Beat** – Jack Kerouac
633.**Snoopy: É Natal! (4)** – Charles Schulz
634(8).**Testemunha da acusação** – Agatha Christie
635.**Um elefante no caos** – Millôr Fernandes
636.**Guia de leitura (100 autores que você precisa ler)** – Organização de Léa Masina
637.**Pistoleiros também mandam flores** – David Coimbra
638.**O prazer das palavras** – vol. 1 – Cláudio Moreno
639.**O prazer das palavras** – vol. 2 – Cláudio Moreno
640.**Novíssimo testamento: com Deus e o diabo, a dupla da criação** – Iotti
641.**Literatura Brasileira: modos de usar** – Luís Augusto Fischer
642.**Dicionário de Porto-Alegrês** – Luís A. Fischer
643.**Clô Dias & Noites** – Sérgio Jockymann
644.**Memorial de Isla Negra** – Pablo Neruda
645.**Um homem extraordinário e outras histórias** – Tchékhov
646.**Ana sem terra** – Alcy Cheuiche
647.**Adultérios** – Woody Allen
648.**Para sempre ou nunca mais** – R. Chandler
649.**Nosso homem em Havana** – Graham Greene
650.**Dicionário Caldas Aulete de Bolso**
651.**Snoopy: Posso fazer uma pergunta, professora? (5)** – Charles Schulz
652(10).**Luís XVI** – Bernard Vincent
653.**O mercador de Veneza** – Shakespeare
654.**Cancioneiro** – Fernando Pessoa
655.**Non-Stop** – Martha Medeiros
656.**Carpinteiros, levantem bem alto a cumeeira & Seymour, uma apresentação** – J.D.Salinger
657.**Ensaios céticos** – Bertrand Russell
658.**O melhor de Hagar 5** – Dik e Chris Browne
659.**Primeiro amor** – Ivan Turguêniev
660.**A trégua** – Mario Benedetti
661.**Um parque de diversões da cabeça** – Lawrence Ferlinghetti
662.**Aprendendo a viver** – Sêneca
663.**Garfield, um gato em apuros (9)** – Jim Davis
664.**Dilbert 1** – Scott Adams
665.**Dicionário de dificuldades** – Domingos Paschoal Cegalla
666.**A imaginação** – Jean-Paul Sartre
667.**O ladrão e os cães** – Naguib Mahfuz
668.**Gramática do português contemporâneo** – Celso Cunha
669.**A volta do parafuso** *seguido de* **Daisy Mille** – Henry James
670.**Notas do subsolo** – Dostoiévski
671.**Abobrinhas da Brasilônia** – Glauco
672.**Geraldão (3)** – Glauco
673.**Piadas para sempre (3)** – Visconde da Cas Verde
674.**Duas viagens ao Brasil** – Hans Staden
675.**Bandeira de bolso** – Manuel Bandeira
676.**A arte da guerra** – Maquiavel
677.**Além do bem e do mal** – Nietzsche
678.**O coronel Chabert** *seguido de* **A mulhe abandonada** – Balzac
679.**O sorriso de marfim** – Ross Macdonald
680.**100 receitas de pescados** – Sílvio Lancellotti
681.**O juiz e seu carrasco** – Friedrich Dürrenmatt
682.**Noites brancas** – Dostoiévski
683.**Quadras ao gosto popular** – Fernando Pesso
684.**Romanceiro da Inconfidência** – Cecíli Meireles
685.**Kaos** – Millôr Fernandes
686.**A pele de onagro** – Balzac
687.**As ligações perigosas** – Choderlos de Laclos
688.**Dicionário de matemática** – Luiz Fernande Cardoso
689.**Os Lusíadas** – Luís Vaz de Camões
690(11).**Átila** – Éric Deschodt
691.**Um jeito tranqüilo de matar** – Chester Hime
692.**A felicidade conjugal** *seguido de* **O diab** – Tolstói
693.**Viagem de um naturalista ao redor do mund** – vol. 1 – Charles Darwin
694.**Viagem de um naturalista ao redor do mund** – vol. 2 – Charles Darwin
695.**Memórias da casa dos mortos** – Dostoiévsk
696.**A Celestina** – Fernando de Rojas
697.**Snoopy: Como você é azarado, Charlie Brow (6)** – Charles Schulz
698.**Dez (quase) amores** – Claudia Tajes
699(9).**Poirot sempre espera** – Agatha Christie
700.**Cecília de bolso** – Cecília Meireles
701.**Apologia de Sócrates** *precedido de* **Êutifron** *seguido de* **Críton** – Platão
702.**Wood & Stock** – Angeli
703.**Striptiras (3)** – Laerte
704.**Discurso sobre a origem e os fundamentos d desigualdade entre os homens** – Rousseau
705.**Os duelistas** – Joseph Conrad
706.**Dilbert (2)** – Scott Adams
707.**Viver e escrever** (vol. 1) – Edla van Steen
708.**Viver e escrever** (vol. 2) – Edla van Steen
709.**Viver e escrever** (vol. 3) – Edla van Steen
710(10).**A teia da aranha** – Agatha Christie
711.**O banquete** – Platão
712.**Os belos e malditos** – F. Scott Fitzgerald
713.**Libelo contra a arte moderna** – Salvador Da
714.**Akropolis** – Valerio Massimo Manfredi
715.**Devoradores de mortos** – Michael Crichton

16.**Sob o sol da Toscana** – Frances Mayes
17.**Batom na cueca** – Nani
18.**Vida dura** – Claudia Tajes
19.**Carne trêmula** – Ruth Rendell
20.**Cris, a fera** – David Coimbra
21.**O anticristo** – Nietzsche
22.**Como um romance** – Daniel Pennac
23.**Emboscada no Forte Bragg** – Tom Wolfe
24.**Assédio sexual** – Michael Crichton
25.**O espírito do Zen** – Alan W.Watts
26.**Um bonde chamado desejo** – Tennessee Williams
27.**Como gostais** *seguido de* **Conto de inverno** – Shakespeare
28.**Tratado sobre a tolerância** – Voltaire
29.**Snoopy: Doces ou travessuras? (7)** – Charles Schulz
30.**Cardápios do Anonymus Gourmet** – J.A. Pinheiro Machado
31.**100 receitas com lata** – J.A. Pinheiro Machado
32.**Conhece o Mário?** vol.2 – Santiago
33.**Dilbert (3)** – Scott Adams
34.**História de um louco amor** *seguido de* **Passado amor** – Horacio Quiroga
35(11).**Sexo: muito prazer** – Laura Meyer da Silva
36(12).**Para entender o adolescente** – Dr. Ronald Pagnoncelli
37(13).**Desembarcando a tristeza** – Dr. Fernando Lucchese
8.**Poirot e o mistério da arca espanhola & outras histórias** – Agatha Christie
9.**A última legião** – Valerio Massimo Manfredi
0.**As virgens suicidas** – Jeffrey Eugenides
1.**Sol nascente** – Michael Crichton
2.**Duzentos ladrões** – Dalton Trevisan
3.**Os devaneios do caminhante solitário** – Rousseau
4.**Garfield, o rei da preguiça (10)** – Jim Davis
5.**Os magnatas** – Charles R. Morris
6.**Pulp** – Charles Bukowski
7.**Enquanto agonizo** – William Faulkner
8.**Aline: viciada em sexo (3)** – Adão Iturrusgarai
9.**A dama do cachorrinho** – Anton Tchékhov
0.**Tito Andrônico** – Shakespeare
1.**Antologia poética** – Anna Akhmátova
2.**O melhor de Hagar 6** – Dik e Chris Browne
3(12).**Michelangelo** – Nadine Sautel
4.**Dilbert (4)** – Scott Adams
5.**O jardim das cerejeiras** *seguido de* **Tio Vânia** – Tchékhov
6.**Geração Beat** – Claudio Willer
7.**Santos Dumont** – Alcy Cheuiche
8.**Budismo** – Claude B. Levenson
9.**Cleópatra** – Christian-Georges Schwentzel
0.**Revolução Francesa** – Frédéric Bluche, Stéphane Rials e Jean Tulard
1.**A crise de 1929** – Bernard Gazier
2.**Sigmund Freud** – Edson Sousa e Paulo Endo
3.**Império Romano** – Patrick Le Roux
4.**Cruzadas** – Cécile Morrisson
5.**O mistério do Trem Azul** – Agatha Christie
6.**Os escrúpulos de Maigret** – Simenon
7.**Maigret se diverte** – Simenon
8.**Senso comum** – Thomas Paine
9.**O parque dos dinossauros** – Michael Crichton

770.**Trilogia da paixão** – Goethe
771.**A simples arte de matar** (vol.1) – R. Chandler
772.**A simples arte de matar** (vol.2) – R. Chandler
773.**Snoopy: No mundo da lua! (8)** – Charles Schulz
774.**Os Quatro Grandes** – Agatha Christie
775.**Um brinde de cianureto** – Agatha Christie
776.**Súplicas atendidas** – Truman Capote
777.**Ainda restam aveleiras** – Simenon
778.**Maigret e o ladrão preguiçoso** – Simenon
779.**A viúva imortal** – Millôr Fernandes
780.**Cabala** – Roland Goetschel
781.**Capitalismo** – Claude Jessua
782.**Mitologia grega** – Pierre Grimal
783.**Economia: 100 palavras-chave** – Jean-Paul Betbèze
784.**Marxismo** – Henri Lefebvre
785.**Punição para a inocência** – Agatha Christie
786.**A extravagância do morto** – Agatha Christie
787(13).**Cézanne** – Bernard Fauconnier
788.**A identidade Bourne** – Robert Ludlum
789.**Da tranquilidade da alma** – Sêneca
790.**Um artista da fome** *seguido de* **Na colônia penal e outras histórias** – Kafka
791.**Histórias de fantasmas** – Charles Dickens
792.**A louca de Maigret** – Simenon
793.**O amigo de infância de Maigret** – Simenon
794.**O revólver de Maigret** – Simenon
795.**A fuga do sr. Monde** – Simenon
796.**O Uraguai** – Basílio da Gama
797.**A mão misteriosa** – Agatha Christie
798.**Testemunha ocular do crime** – Agatha Christie
799.**Crepúsculo dos ídolos** – Friedrich Nietzsche
800.**Maigret e o negociante de vinhos** – Simemon
801.**Maigret e o mendigo** – Simenon
802.**O grande golpe** – Dashiell Hammett
803.**Humor barra pesada** – Nani
804.**Vinho** – Jean-François Gautier
805.**Egito Antigo** – Sophie Desplancques
806(14).**Baudelaire** – Jean-Baptiste Baronian
807.**Caminho da sabedoria, caminho da paz** – Dalai Lama e Felizitas von Schönborn
808.**Senhor e servo e outras histórias** – Tolstói
809.**Os cadernos de Malte Laurids Brigge** – Rilke
810.**Dilbert (5)** – Scott Adams
811.**Big Sur** – Jack Kerouac
812.**Seguindo a correnteza** – Agatha Christie
813.**O álibi** – Sandra Brown
814.**Montanha-russa** – Martha Medeiros
815.**Coisas da vida** – Martha Medeiros
816.**A cantada infalível** *seguido de* **A mulher do centroavante** – David Coimbra
817.**Maigret e os crimes do cais** – Simenon
818.**Sinal vermelho** – Simenon
819.**Snoopy: Pausa para a soneca (9)** – Charles Schulz
820.**De pernas pro ar** – Eduardo Galeano
821.**Tragédias gregas** – Pascal Thiercy
822.**Existencialismo** – Jacques Colette
823.**Nietzsche** – Jean Granier
824.**Amar ou depender?** – Walter Riso
825.**Darmapada: A doutrina budista em versos**
826.**J'Accuse...! – a verdade em marcha** – Zola
827.**Os crimes ABC** – Agatha Christie

828.**Um gato entre os pombos** – Agatha Christie
829.**Maigret e o sumiço do sr. Charles** – Simenon
830.**Maigret e a morte do jogador** – Simenon
831.**Dicionário de teatro** – Luiz Paulo Vasconcellos
832.**Cartas extraviadas** – Martha Medeiros
833.**A longa viagem de prazer** – J. J. Morosoli
834.**Receitas fáceis** – J. A. Pinheiro Machado
835.(14).**Mais fatos & mitos** – Dr. Fernando Lucchese
836.(15).**Boa viagem!** – Dr. Fernando Lucchese
837.**Aline: Finalmente nua!!!** (4) – Adão Iturrusgarai
838.**Mônica tem uma novidade!** – Mauricio de Sousa
839.**Cebolinha em apuros!** – Mauricio de Sousa
840.**Sócios no crime** – Agatha Christie
841.**Bocas do tempo** – Eduardo Galeano
842.**Orgulho e preconceito** – Jane Austen
843.**Impressionismo** – Dominique Lobstein
844.**Escrita chinesa** – Viviane Alleton
845.**Paris: uma história** – Yvan Combeau
846(15).**Van Gogh** – David Haziot
847.**Maigret e o corpo sem cabeça** – Simenon
848.**Portal do destino** – Agatha Christie
849.**O futuro de uma ilusão** – Freud
850.**O mal-estar na cultura** – Freud
851.**Maigret e o matador** – Simenon
852.**Maigret e o fantasma** – Simenon
853.**Um crime adormecido** – Agatha Christie
854.**Satori em Paris** – Jack Kerouac
855.**Medo e delírio em Las Vegas** – Hunter Thompson
856.**Um negócio fracassado e outros contos de humor** – Tchékhov
857.**Mônica está de férias!** – Mauricio de Sousa
858.**De quem é esse coelho?** – Mauricio de Sousa
859.**O burgomestre de Furnes** – Simenon
860.**O mistério Sittaford** – Agatha Christie
861.**Manhã transfigurada** – Luiz Antonio de Assis Brasil
862.**Alexandre, o Grande** – Pierre Briant
863.**Jesus** – Charles Perrot
864.**Islã** – Paul Balta
865.**Guerra da Secessão** – Farid Ameur
866.**Um rio que vem da Grécia** – Cláudio Moreno
867.**Maigret e os colegas americanos** – Simenon
868.**Assassinato na casa do pastor** – Agatha Christie
869.**Manual do líder** – Napoleão Bonaparte
870(16).**Billie Holiday** – Sylvia Fol
871.**Bidu arrasando!** – Mauricio de Sousa
872.**Desventuras em família** – Mauricio de Sousa
873.**Liberty Bar** – Simenon
874.**E no final a morte** – Agatha Christie
875.**Guia prático do Português correto – vol. 4** – Cláudio Moreno
876.**Dilbert (6)** – Scott Adams
877(17).**Leonardo da Vinci** – Sophie Chauveau
878.**Bella Toscana** – Frances Mayes
879.**A arte da ficção** – David Lodge
880.**Striptiras (4)** – Laerte
881.**Skrotinhos** – Angeli
882.**Depois do funeral** – Agatha Christie
883.**Radicci 7** – Iotti
884.**Walden** – H. D. Thoreau
885.**Lincoln** – Allen C. Guelzo
886.**Primeira Guerra Mundial** – Michael Howard
887.**A linha de sombra** – Joseph Conrad
888.**O amor é um cão dos diabos** – Bukowski
889.**Maigret sai em viagem** – Simenon
890.**Despertar: uma vida de Buda** – Jack Kerou
891(18).**Albert Einstein** – Laurent Seksik
892.**Hell's Angels** – Hunter Thompson
893.**Ausência na primavera** – Agatha Christie
894.**Dilbert (7)** – Scott Adams
895.**Ao sul de lugar nenhum** – Bukowski
896.**Maquiavel** – Quentin Skinner
897.**Sócrates** – C.C.W. Taylor
898.**A casa do canal** – Simenon
899.**O Natal de Poirot** – Agatha Christie
900.**As veias abertas da América Latina** – Eduar Galeano
901.**Snoopy: Sempre alerta! (10)** – Charles Schu
902.**Chico Bento: Plantando confusão** – Mauric de Sousa
903.**Penadinho: Quem é morto sempre aparec** Mauricio de Sousa
904.**A vida sexual da mulher feia** – Claudia Taj
905.**100 segredos de liquidificador** – José Anton Pinheiro Machado
906.**Sexo muito prazer 2** – Laura Meyer da Silv
907.**Os nascimentos** – Eduardo Galeano
908.**As caras e as máscaras** – Eduardo Galeano
909.**O século do vento** – Eduardo Galeano
910.**Poirot perde uma cliente** – Agatha Christie
911.**Cérebro** – Michael O'Shea
912.**O escaravelho de ouro e outras histórias** – Edg Allan Poe
913.**Piadas para sempre (4)** – Visconde da Ca Verde
914.**100 receitas de massas light** – Hele Tonetto
915(19).**Oscar Wilde** – Daniel Salvatore Schiffe
916.**Uma breve história do mundo** – H. G. Wel
917.**A Casa do Penhasco** – Agatha Christie
918.**Maigret e o finado sr. Gallet** – Simenon
919.**John M. Keynes** – Bernard Gazier
920(20).**Virginia Woolf** – Alexandra Lemasson
921.**Peter e Wendy** *seguido de* **Peter Pan Kensington Gardens** – J. M. Barrie
922.**Aline: numas de colegial (5)** – Adão Iturrusgar
923.**Uma dose mortal** – Agatha Christie
924.**Os trabalhos de Hércules** – Agatha Christie
925.**Maigret na escola** – Simenon
926.**Kant** – Roger Scruton
927.**A inocência do Padre Brown** – G.K. Chestert
928.**Casa Velha** – Machado de Assis
929.**Marcas de nascença** – Nancy Huston
930.**Aulete de bolso**
931.**Hora Zero** – Agatha Christie
932.**Morte na Mesopotâmia** – Agatha Christie
933.**Um crime na Holanda** – Simenon
934.**Nem te conto, João** – Dalton Trevisan
935.**As aventuras de Huckleberry Finn** – Ma Twain
936(21).**Marilyn Monroe** – Anne Plantagenet
937.**China moderna** – Rana Mitter
938.**Dinossauros** – David Norman
939.**Louca por homem** – Claudia Tajes
940.**Amores de alto risco** – Walter Riso
941.**Jogo de damas** – David Coimbra
942.**Filha é filha** – Agatha Christie
943.**M ou N?** – Agatha Christie
944.**Maigret se defende** – Simenon

L&PM POCKET ENCYCLOPAEDIA
Pierre Briant

IMPRESSÃO:

GRÁFICA EDITORA
Pallotti
IMAGEM DE QUALIDADE

Santa Maria - RS - Fone/Fax: (55) 3220.4500
www.pallotti.com.br